LA COMÉD

. Les trois « Tartuffe »

Il y a eu, au XVIIᵉ siècle, sous les différents titres de *Tartuffe ou l'Hypocrite, l'Imposteur, Tartuffe ou l'Imposteur* [1], trois versions successives de la comédie connue de nos jours sous le seul titre de *Tartuffe*. Mais, de ces trois versions, nous ne connaissons que la dernière, représentée le 5 février 1669, au Palais-Royal.

2. Historique de la pièce

— **Le premier « Tartuffe ».** A l'occasion des divertissements offerts en l'honneur de la Cour, dits « Plaisirs de l'Ile enchantée », Molière fait jouer une pièce en trois actes, intitulée *Tartuffe ou l'Hypocrite*. Sous quelle forme se présentait-elle? On admet généralement qu'elle ne comportait que les trois premiers actes, les deux derniers ayant été ajoutés par la suite. Cette opinion semble confirmée par l'avant-propos de l'édition Vinot et La Grange (1682) :

Les trois premiers actes de cette comédie ont été représentés à Versailles pour le Roy, le **12ᵉ jour de May 1664**. *Les mêmes trois premiers actes [...] ont été représentez la deuxième fois à Villers-Cotterêts pour S. A. R. Monsieur, Frère du Roy, qui régaloit leurs Majestez et toute la Cour, le 25 septembre de la mesme année* 1664. *Cette comédie*, parfaite, entière et achevée *en cinq actes a été représentée la première et la seconde fois au Chasteau-du-Raincy, près Paris, pour S. A. S. Mᵍʳ le Prince, les 29 novembre 1664 et 8 novembre de l'année suivante 1665, et depuis encore au Chasteau de Chantilly, le 20 septembre 1668* [2].

Pourtant, G. Michaut pense que cette première version constituait une pièce complète et achevée « en trois actes » [3]. Elle se serait donc terminée sur le triomphe de l'hypocrite, qui n'aurait plus eu qu'à chasser Orgon de chez lui, après l'avoir dépouillé de tous ses biens. D. Mornet objecte qu'un tel dénouement serait contraire aux règles du genre et, de plus, condamnerait la pauvre Mariane à épouser Tartuffe : « Ce serait la seule fois, dans les pièces de Molière, écrit-il, que la jeunesse innocente serait la victime des vices des pères [4] ». Même si l'on suppose que le premier *Tartuffe* ne comportait pas d'intrigue sentimentale entre les jeunes gens qui s'aiment, le dénouement eût encore consacré le « triomphe des méchants et le désastre des bons », car, avec Orgon, il y a encore « tous les siens qu'il entraîne dans la catastrophe [5] ».

Quoi qu'il en soit, bien que Molière eût pris la précaution de lire sa pièce au roi avant la représentation, et malgré le succès de cette

---

1. L'édition de Vinot et La Grange (1682) est encore intitulée : *l'Imposteur*. — 2. Vinot et La Grange, *Œuvres de Molière*, avant-propos à la préface du *Tartuffe*, t. V, p. 11. — 3. *Les luttes de Molière*. — 4. *Molière*, p. 92. — 5. *Ibid*.

comédie, une ordonnance interdit peu après de « la produire en public ». Que s'était-il passé ?

— La cabale des dévots

Une cabale fut certainement à l'origine de cette interdiction : Molière nous l'apprend lui-même. Mais quelle cabale ? Sans doute une cabale suscitée par une organisation secrète : la « Compagnie du T. Saint-Sacrement ». Officiellement consacrée aux bonnes œuvres (visites de prisonniers, aumônes, dons, legs), cette association se proposait, en fait, de restaurer la foi et la pratique la plus stricte des vertus chrétiennes [1]. Sous ce prétexte, elle n'hésitait pas à s'immiscer dans la vie privée de ses adversaires, encourageait la délation, et ne reculait devant aucun moyen pour perdre les « libertins » ou ceux qu'elle soupçonnait de « libertinage ». Mais la Compagnie du Saint-Sacrement ne comprenait pas seulement ces « faux-dévots » que devait attaquer Molière. Elle comptait, parmi ses membres ou parmi ses « sympathisants », des personnages influents dont la piété sincère ne faisait aucun doute : notamment des ecclésiastiques comme Bossuet et saint Vincent de Paul, ou des « laïques » comme le prince de Conty, Lamoignon, premier président du Parlement, le comte de Noailles... Il serait donc inexact de confondre la « Compagnie » et la cabale des « faux dévots ». Seulement, dans cette association puissamment organisée des « Confrères du Saint-Sacrement », les fanatiques avaient pour eux le nombre et la force. Déjà, en 1643, le curé de Saint-Sulpice, **Olier**, avait poursuivi « l'Illustre Théâtre », installé sur le territoire de sa paroisse. Un autre « Confrère », l'évêque d'Aleth, **Pavillon,** avait privé Molière, en 1655, de la protection du prince de Conty, en obtenant la conversion de celui-ci. En 1663, les « dévots » étaient au premier rang de la cabale de l'*École des femmes*. Les excès des « Confrères » avaient pourtant fini par inquiéter les autorités ecclésiastiques, jalouses de leurs prérogatives : en 1660, Mazarin fit publier une ordonnance qui équivalait à la dissolution de la « Compagnie ». Mais celle-ci n'en continua pas moins, secrètement, son activité. Le théâtre et les comédiens étaient particulièrement visés. En 1660, Boisrobert, pour avoir « blasphémé au cours d'une partie de jeu », connut la disgrâce et « le P. Annat, Jésuite, exigea son départ de la Cour » [2]. L'auteur d'un pamphlet, intitulé *la Boscorobertine*, ajoute, « avec une charité toute chrétienne » [3] : « Chacun dist qu'il ne fallait pas laisser eschaper l'occasion de punir cet impie une fois pour touttes, que sa vie crioit vengeance contre le Ciel, et que de luy permettre de vivre plus longtemps, c'estoit luy permettre de faire de nouveaux crimes. »

Molière fut traité plus rudement encore par les dévots : dans un

---

1. Voir : Raoul Allier, *la Compagnie du T. S. Sacrement de l'autel à Marseille,* 1909. — 2. *Historiettes* de Tallemant des Réaux, note d'Antoine Adam, La Pléiade, 1960, I, p. 1068. — 3. *Ibid.*

panégyrique intitulé *le Roy glorieux au monde ou Louis XIV, le plus glorieux de tous les rois du monde,* l'auteur, **Pierre Roullé,** curé de Saint-Barthélemy, traite Molière de « démon vêtu de chair et habillé en homme », et demande qu'il soit brûlé vif. Quelle part la « Compagnie » prit-elle à ces attaques? Il est difficile de le préciser. Mais il est certain qu'elle ne fut pas étrangère à la « cabale des dévots ».

Malgré tout, Molière ne se décourage pas. En août 1664, il donne à **Fontainebleau** une lecture privée de sa pièce, en présence du cardinal Chigi, légat du pape, et de sa suite; la comédie ne recueille que des approbations. Fort de ce succès, Molière adresse au roi un premier placet (voir p. 17) où il rappelle (l. 31) que « S. M. avait lu la pièce avant la représentation » et qu'Elle avait eu « la bonté de déclarer qu'Elle ne trouvait rien à dire dans cette Comédie ».

Cependant, influencé par la cabale, Louis XIV maintient l'interdiction, tout en autorisant les représentations privées. A la faveur de cette autorisation, Molière multiplie les lectures « en petit comité » du *Tartuffe*. « Tout le monde, écrit Boileau, voulait avoir Molière pour le lui entendre réciter. » Des représentations privées ont lieu : le 25 septembre, à Villers-Cotterêts, pour « Monsieur , frère du Roy »; le 29 novembre, au château du Raincy, chez la Palatine, pour le Grand Condé. La renommée de la pièce passe les frontières : la reine Christine de Suède demande — d'ailleurs sans succès — l'autorisation de faire jouer *Tartuffe* sur la scène de son théâtre, en son palais de Rome.

Entre temps, Louis XIV a quitté Paris pour diriger le siège de Lille. Durant son absence, Lamoignon est chargé de la « police des mœurs ». Or, nous l'avons vu, il appartient à la « Compagnie du T. S. Sacrement ».

Molière n'en poursuit pas moins la lutte : le **15 février 1665,** il fait jouer à Paris son « **Dom Juan** », sujet alors à la mode, mais plus dangereux encore que celui de *Tartuffe*, car il risquait de brouiller l'auteur à la fois avec les dévots et avec les libertins, qui pouvaient se reconnaître dans le personnage principal de la pièce. En fait, Molière fut assez habile pour plaire aux uns et aux autres : aux libertins, en prêtant au personnage de Don Juan des qualités de noblesse et de séduction qui faisaient oublier l'aventurier cynique; aux dévots, en montrant, dans le dénouement de la comédie, le triomphe de la justice divine sur l'impiété. Néanmoins, Molière dut retirer brusquement sa pièce de l'affiche. La cabale ne désarmait pas. Mais, en même temps, le roi témoignait son estime à la troupe de Molière, en lui accordant une pension de 6 000 livres avec le titre de « Troupe du Roy » (6 août 1665). Encouragé par cette protection tacite, Molière gardait l'espoir de faire revenir le roi sur sa décision (interdiction des représentations publiques du *Tartuffe*). Le **8 août 1665,** il donne une nouvelle représentation privée, au Raincy, devant Condé. Si l'on en croit le *Registre* de La Grange et l'avant-propos

de l'édition de 1682, la pièce était alors « achevée, en cinq actes ».
Pourtant, avant cette représentation du 8 août, le fils de Condé avait
écrit à un homme d'affaires de son père : « Si le 4ᵉ acte du *Tartuffe*
estoit fait, demandez-lui [à Molière] s'il ne le pourroit pas jouer.
Sans doute, entre la première représentation du Raincy (29 novembre 1664) et la seconde (8 août 1665), Molière avait-il dû reprendre
ce quatrième acte, jugé trop audacieux. La même année 1665, une
autre représentation privée a lieu chez Madame [1].

Le **4 juin 1666**, Molière joue **« le Misanthrope »**; il s'en prend
cette fois, par la bouche d'Alceste, à l'hypocrisie mondaine, mais
décoche au passage quelques traits aux faux-dévots. Le succès
de ces diverses représentations encourage l'auteur, malgré l'échec
de *Dom Juan*, à reprendre son *Tartuffe* en public.

— Le second « Tartuffe »

Le **5 août 1667**, tandis que le roi est à l'armée de Flandre, Molière
se risque à jouer au Palais-Royal une nouvelle version de sa pièce
sous le titre de *l'Imposteur*. Le lendemain, Lamoignon interdit les
représentations. Cette fois, Molière semble découragé. Mais ses amis
le réconfortent : deux d'entre eux, La Grange et La Thorillière,
comédiens de la troupe, l'engagent à faire appel au roi. Cédant à
leurs instances, Molière rédige un second placet [2]. La Grange et La
Thorillière vont eux-mêmes porter ce message à Louis XIV. Celui-ci
les accueille favorablement, promet d'accorder à son retour l'autorisation de jouer la pièce en public, mais maintient jusque-là l'interdiction. La cabale triomphe. Péréfixe, archevêque de Paris, menace
d'excommunier tout fidèle coupable de «lire ou entendre réciter»
le *Tartuffe* «soit publiquement, soit en particulier».

Sous quelle forme ce second *Tartuffe* se présentait-il?
Nous n'en connaissons pas le texte ; mais nous possédons une analyse
détaillée de l'intrigue, grâce à la *Lettre sur l'Imposteur*, d'auteur
inconnu, mais certainement inspirée par Molière [3].
Dans ses grandes lignes, l'action est la même que dans la version
de 1669. Par rapport au premier *Tartuffe*, les différences étaient
certainement beaucoup plus sensibles. Mais, sur ce point, nous ne
possédons que les quelques indications fournies par la préface et
les placets de Molière, le texte de la première version étant inconnu.
Le titre de la pièce est changé et devient *l'Imposteur*. Le personnage

---

1. Voir l'édition Vinot et La Grange, avant-propos. — 2. Voir p. 18-20. — 3.
M. R. Robert a nettement établi l'origine moliéresque de cette « Lettre »
dans la *Revue des Sciences humaines* (Lille, janvier-mars 1956). Nous en indi-
quons les passages essentiels dans les notes et commentaires du texte. La
Lettre sur l'Imposteur est reproduite *in extenso* dans l'édition Taschereau,
Les Œuvres de Molière, 1863, t. IV, p. 205-245.

de Tartuffe prend le nom de **Panulphe.** Le costume de l'acteur
chargé du rôle est modifié : l'auteur « a déguisé le personnage sous
l'ajustement d'un homme du monde ». Il lui a donné « un petit
chapeau, de grands cheveux, un grand collet, une épée et des dentelles
sur tout l'habit » (*Second Placet*, p. 19, l. 75-76). On peut en déduire
que le Tartuffe de 1664 devait porter, sinon le costume d'un ecclé-
siastique (on ne l'eût point toléré), du moins « le costume austère,
semi-ecclésiastique, que portaient souvent ceux qui voulaient
mépriser les vanités du monde »[1] — ce qui était précisément le
cas des « Confrères du Saint-Sacrement ». D'une façon plus générale,
il est vraisemblable que le ton de *l'Imposteur* était sensiblement
plus modéré que celui du premier *Tartuffe*. Molière nous dit lui-
même, dans son second placet, qu'il a procédé à des corrections,
à des « adoucissements » (voir p. 19, l. 77) et qu'il a « retranché ».
Mais sur quels points portaient ces corrections, ces « adoucissements » et ces suppressions ? L'auteur ne nous le dit pas et l'on ne
peut que l'imaginer. Sans doute Molière a-t-il modifié ou supprimé
certains détails qui auraient pu choquer les « dévots »; à en juger
par la préface et les placets, il dut mettre l'accent sur la distinction
entre la vraie et la fausse dévotion. A cet égard, des indications
scéniques comme celle du vers 1487 (IV, 5), qui précède une tirade
assez scabreuse de Tartuffe, et dans laquelle Molière prend la précaution de nous avertir que « c'est un scélérat qui parle », semblent
bien s'adresser particulièrement aux dévots, que le premier *Tartuffe*
avait scandalisés. De même, quand Cléante engage Orgon à ne point
voir partout des « Tartuffes », et à démêler « la vertu d'avec ses
apparences » (V, 1, v. 1617-1624), ce n'est pas seulement une leçon
de modération que Molière nous donne ainsi par la bouche d'un
« honnête homme » — comme il le fait dans *le Misanthrope* en opposant Philinte à l' « atrabilaire » Alceste; c'est aussi, sans doute, et
peut-être surtout, une « mise au point » de l'auteur, destinée à désarmer la critique. Et l'allusion précise aux « libertins » (v. 1621) doit
être sans doute rapprochée de l'accusation portée contre Molière
par l'archevêque de Paris et le « clan » des dévots.
On peut interpréter de la même façon plusieurs autres passages qui
semblent bien être des additions de 1667[2].
Devant l'échec de ses efforts, Molière est quelque temps découragé.
Son théâtre reste fermé du 6 août au 26 septembre. Mais les événements vont lui être favorables. Le roi rentre à Paris. Peu à peu, les
passions s'apaisent; la Compagnie du T. S. Sacrement perd de plus
en plus son crédit auprès des autorités ecclésiastiques, jalouses de
leurs prérogatives et inquiètes des exactions commises par les
« Confrères » sous un prétexte religieux. Molière obtient enfin du
roi l'autorisation de jouer sa pièce en public.

---

1. D. Mornet, *op. cit.*, p. 93. — 2. Voir les notes et les commentaires du
texte.

— Le troisième « Tartuffe »

Le **5 février 1669**, a lieu au Palais-Royal cette troisième représentation publique du *Tartuffe*. Molière jouait le rôle d'Orgon, Armand
Béjart celui d'Elmire, du Croisy celui de Tartuffe, La Thorillier
celui de Cléante. Le succès fut considérable. La recette atteignit
un chiffre sans précédent. Il y eut vingt-huit représentations consé-
cutives. Au total, outre les représentations données à la Cour ou
chez des grands, la pièce fut jouée 77 fois, du vivant de Molière.
Depuis lors, ce succès ne s'est jamais démenti : de 1680 à fin 1971,
Tartuffe a été joué 2 883 fois à la Comédie-Française. De toutes les
pièces du théâtre classique, c'est celle qui a été le plus souvent
représentée.

3. Les sources du « Tartuffe »

Certains contemporains de Molière, Somaize, Donneau de Visé,
Robinet, des anonymes, et, à leur suite, plusieurs critiques modernes
ont cru retrouver l'inspiration du *Tartuffe* dans diverses œuvres du
XVIIᵉ siècle. Molière se serait notamment inspiré d'une nouvelle de
SCARRON, adaptée elle-même de l'espagnol, *les Hypocrites* (1661)
ou d'un roman de VITAL D'AUDIGUIER, *les Amours d'Aristandre et de
Cléonice* (1624); ou encore, selon H. Carrington Lancaster [1], d'une
comédie de LE MÉTEL D'OUVILLE, *les Trahisons d'Arbiran* (1638), etc.
Sans doute peut-on relever, entre *le Tartuffe* et ces diverses œuvres,
certaines analogies dans les situations ou les caractères mais, comme
le dit D. Mornet [2], pourquoi ne pas admettre qu'un homme de génie
comme Molière était capable d'imaginer à lui seul ce qu'ont trouvé
des Le Métel ou des Vital d'Audiguier? Le nombre même des sources
supposées suffit à prouver qu'il n'y en a pas de certaines, et cette
incertitude doit profiter à Molière. Ce qui est sûr, c'est que, vers
1660, le sujet était « dans l'air ». Les attaques contre les faux dévots
et les jésuites étaient, à l'époque, tout à fait banales. Dès 1627,
André Mareschal parle, dans son roman *la Chrysolite* [3], des rendez-
vous clandestins que les amants se donnaient dans les églises, et il
qualifie le « temple de Minerve » (l'église Saint-André-des-Arts)
de « temple d'amour ». Molière n'a eu qu'à observer autour de lui
pour rassembler les éléments de sa comédie. Aussi bien ne s'est-il
jamais défendu de prendre son bien où il le trouvait, suivant en cela
l'exemple des auteurs de tragédies. Ce qui est très probable, c'est que
Molière a puisé certains traits de son personnage et certaines situations à diverses sources; il peut d'ailleurs s'agir de simples rémi-
niscences, plus ou moins conscientes, tant le sujet était alors à la
mode. Mais l'essentiel de l'œuvre et la marche générale de l'intrigue
restent bien la création du seul Molière [4].

---

1. *A History of French tragedy in the XVIIᵗʰ century.* — 2. *Op. cit.*, p. 44.
— 3. *La Chrysolite ou le Secret des romans*, 1627. — 4. Cf. D. Mornet, *op. cit.*,
p. 44.

4. Les originaux de Tartuffe

On peut en dire autant du personnage de Tartuffe. A l'époque de Molière, tout le monde lui cherchait — et lui trouvait — des originaux (les « clés » et les portraits étaient encore très à la mode aux environs de 1660, et ce goût se maintint jusqu'à la fin du siècle[1]). On désignait ainsi, notamment, le BARON DE RENTY, le MARQUIS DE FÉNELON, le COMTE D'ALBON, le COMTE DE BRANCAS, l'ABBÉ DE PONS, l'ABBÉ ROQUETTE, etc.

Parmi tous ces personnages contemporains, l'un — qui n'est pourtant proposé nulle part, au temps de Molière, comme un modèle possible de Tartuffe — mérite de retenir l'attention : il s'agit de CHARPY, SIEUR DE SAINTE-CROIX; ce personnage, auquel Tallemant des Réaux a consacré l'une de ses *Historiettes* [2] (très probablement connues de Molière), a été étudié par Paul Émard [3] qui voit en lui le véritable original de Tartuffe. Les analogies sont en effet troublantes. Mornet les résume ainsi [4] : « Ce Charpy écrivait des livres mystiques et, comme Tartuffe à sa paroisse, édifiait par sa piété les fidèles de l'église des Quinze-Vingts. Comme Orgon rencontre Tartuffe, il y est rencontré par une Mᵐᵉ Hansse, qui échange avec lui des conversations dévotes et l'invite à venir, le plus souvent possible, les continuer chez elle. Bientôt, comme Tartuffe chez Orgon, Charpy s'impatronise, chasse de la maison tous ceux qui ne croyaient pas en lui, et, comme Tartuffe d'Elmire, s'éprend de la fille de Mᵐᵉ Hansse, Mᵐᵉ Patrocle. M. Patrocle — tout comme Orgon — trouve fort bon qu'un saint homme s'intéresse à sa femme. Charpy, d'ailleurs, à la différence de Tartuffe, ne fut pas démasqué. Après des aventures diverses, il fut sans doute empoisonné. » L'hypothèse de P. Émard semble d'autant plus plausible que (note Antoine Adam) [5] « les Patrocle furent les voisins de Molière dans la rue Saint-Thomas-du-Louvre ».

Rien ne prouve cependant que Charpy soit l'unique modèle de Tartuffe. Molière a fort bien pu emprunter certains traits de son personnage à d'autres sources. Tallemant des Réaux lui-même cite l'abbé de Pons comme un de ces originaux « partiels » [6] : toutefois, comme le fait observer Antoine Adam [7], « ceci ne veut pas dire que Molière n'eut d'autre modèle que l'abbé de Pons, mais que cet abbé a fourni à l'écrivain l'idée de la déclaration à Elmire ». Et Antoine Adam de conclure fort sagement : « La vérité toute simple, c'est qu'il y avait beaucoup de Tartuffes dans la France de 1660. » Toutefois, il est possible que Molière ait plus particulièrement visé un groupe de dévots politiques qui gravitaient autour d'Anne d'Autriche [8].

1. Cf. *les Caractères* de La Bruyère. — 2. Tallemant des Réaux, *Historiettes*, éd. Antoine Adam, Pléiade, t. II, p. 858-859. — 3. *Tartuffe, sa vie, son milieu*, 1932. — 4. *Op. cit.*, p. 95. — 5. II, p. 1565, n. 3. — 6. II, p. 448. — 7. II, p. 1289, n. 8. — 8. Adam, t. III, p. 307-311.

5. Origine du nom de Tartuffe

Selon toute vraisemblance, Molière a emprunté le nom du person
nage de Tartuffe à la comédie italienne, dont un personnage portai
le surnom de *Tartufo*, « truffe »[1]. Littré nous donne à ce sujet le
précisions suivantes (*Dict.*, 1878) : «*Tartufo* se trouve dans le *Mal
mantile* de Lippi (1603-1669), avec le sens d' « homme méchant »
Le *Malmantile* circulait manuscrit en France avant le *Tartuffe*[2]
Toutefois, le mot *tartuffe* existait déjà en français comme non
commun, car nous le trouvons en 1609, dans un pamphlet intitulé
*le Mastigophore auquel l'ont brisées les brides à veaux de maistr
Ivain Solanicque*[3]. Dans ce pamphlet, le mot *tartuffe* est associ
au mot *happelourde*, qui signifiait proprement : pierre fausse qu
l'on fait passer pour une pierre fine; d'où, au figuré : personne qu
n'a que l'apparence, hypocrite.

L'auteur, Antoine Fusy, curé à Paris, apostrophe en ces termes
son marguillier Nicolas Vivian : « Tu n'es qu'un tartuffe
qu'un butor, qu'une happelourde. » Mais il ne s'ensuit pas forcé
ment que les mots *tartuffe* et *happelourde* soient synonymes; l'ordre
des termes semble même indiquer que *tartuffe* a, dans la phrase
un sens plus voisin de *butor* que de *happelourde;* il est probable
qu'entre 1609 et 1664, le sens figuré du nom commun *tartuffe* a
évolué : à l'origine, il devait simplement désigner un homme méchant,
un fripon, comme l'italien *tartufo*. C'est seulement à partir de 1664
et d'après la comédie de Molière, qu'il dut prendre le sens d'*hypo
crite* ou d'*imposteur*. Cela expliquerait, croyons-nous, que Furetière
ait pu écrire dans son *Dictionnaire* (1690) : « Molière a enrichi la
langue de ce mot dans son excellente comédie. » En fait, s'il n'a pas
inventé le mot, il lui a donné un sens nouveau, d'où sont issus par
la suite les dérivés *tartuffier* (création plaisante de Molière lui-même,
au vers 674) et *tartufferie*.

---

1. *Dict. étymologique de la langue française*, par O. Bloch et von
Wartburg, 1960. — 2. Voir F. Génin, *Récréations*, I, p. 492. — 3.
D'après une note d'Alfred Rébelliau. L'auteur anonyme d'un recueil
d'*Anecdotes dramatiques* propose toutefois une autre version: « On a
ignoré longtemps où Molière avoit pris le nom de *Tartuffe*, qui a fait un
synonyme de plus dans notre langue avec les mots d'*hypocrite* et de *faux-
dévot*. Voici ce que la tradition nous apprend à cet égard. Molière se trouvant
chez le nonce du pape avec deux ecclésiastiques, dont l'air mortifié et hypocrite rendoit assez bien l'idée qu'il avoit alors dans la tête, en travaillant à
sa comédie de *l'Imposteur*, on vint présenter à son Excellence des truffes à
acheter. Un de ces dévots, qui sçavoit un peu l'italien, à ce mot de *truffes*,
sembla, pour les considérer, sortir tout à coup du dévot silence qu'il gardoit;
et choisissant saintement les plus belles, il s'écrioit d'un air riant : « *Tartufoli,
Signor nuntio, Tartufoli.* » Molière, qui étoit toujours un spectateur attentif
et observateur, prit de là l'idée de donner à son Imposteur le nom de *Tartuffe*. »
(*Anecdotes dramatiques*, 1775, t. II, p. 103).

PRÉFACE[1]

Voici une comédie dont on a fait beaucoup de bruit, qui a été longtemps persécutée; et les gens qu'elle joue ont bien fait voir qu'ils étaient plus puissants en France que tous ceux que j'ai joués jusqu'ici. Les Marquis, les Précieuses, les Cocus et les Médecins ont souffert doucement[2] qu'on les ait représentés, et ils ont fait semblant de se divertir, avec tout le monde, des peintures que l'on a faites d'eux; mais les Hypocrites n'ont point entendu raillerie; ils se sont effarouchés d'abord, et ont trouvé étrange que j'eusse la hardiesse de jouer leurs grimaces et de vouloir décrier un métier dont tant d'honnêtes gens[3] se mêlent. C'est un crime qu'ils ne sauraient me pardonner; et ils se sont tous armés contre ma comédie avec une fureur épouvantable. Ils n'ont eu garde de l'attaquer par le côté qui les a blessés : ils sont trop politiques pour cela et savent trop bien vivre pour découvrir le fond de leur âme. Suivant leur louable coutume, ils ont couvert leurs intérêts de la cause de Dieu; et *le Tartuffe*, dans leur bouche, est une pièce qui offense la piété. Elle est, d'un bout à l'autre, pleine d'abominations, et l'on n'y trouve rien qui ne mérite le feu. Toutes les syllabes en sont impies; les gestes même y sont criminels; et le moindre coup d'œil, le moindre branlement de tête, le moindre pas à droite ou à gauche, y cache des mystères qu'ils trouvent moyen d'expliquer à mon désavantage. J'ai eu beau la soumettre aux lumières de mes amis et à la censure de tout le monde : les corrections que j'y ai pu faire, le jugement du Roi et de la Reine, qui l'ont vue, l'approbation des grands Princes[4] et de Messieurs les Ministres, qui l'ont honorée publiquement de leur présence, le témoignage des gens de bien qui l'ont trouvée profitable, tout cela n'a de rien servi. Ils n'en veulent point démordre; et, tous les jours encore, ils font crier en public des zélés indiscrets, qui me disent des injures pieusement et me damnent par charité.

Je me soucierais fort peu de tout ce qu'ils peuvent dire, n'était l'artifice qu'ils ont de me faire des ennemis que je respecte, et de jeter dans leur parti de véritables gens de bien[5], dont ils préviennent la bonne foi et qui, par la chaleur qu'ils ont pour les intérêts du Ciel, sont faciles à recevoir[6] les impressions qu'on veut leur donner.

---

1. Cette préface figure dans la première édition; à partir de la seconde, qui paraît la même année, elle est suivie de trois placets. — 2. Patiemment. — 3. Des gens du monde. Le mot est peut-être ironique, mais il y avait en effet des personnes de haut rang dans la « cabale ». — 4. Le Grand Condé et la Princesse Palatine. — 5. Entre autres, Bossuet et le Président de Lamoignon. — 6. Reçoivent aisément.

Voilà ce qui m'oblige à me défendre. C'est aux vrais dévots que je veux partout me justifier sur la conduite de ma comédie; et je le conjure de tout mon cœur de ne point condamner les choses avant que de les voir, de se défaire de toute prévention et de ne point servir la passion de ceux dont les grimaces les déshonorent.

Si l'on prend la peine d'examiner de bonne foi ma comédie, on verra sans doute que mes intentions y sont partout innocentes, et qu'elle ne tend nullement à jouer les choses que l'on doit révérer; que je l'ai traitée avec toutes les précautions que demandait la délicatesse de la matière, et que j'ai mis tout l'art et tous les soins qu'il m'a été possible pour bien distinguer le personnage de l'Hypocrite d'avec celui du vrai Dévot. J'ai employé pour cela deux actes entiers, à préparer la venue de mon scélérat. Il ne tient pas un seul moment l'auditeur en balance, on le connaît d'abord [1] aux marques que je lui donne; et, d'un bout à l'autre, il ne dit pas un mot, il ne fait pas une action qui ne peigne aux spectateurs le caractère d'un méchant homme et ne fasse éclater celui du véritable homme de bien que je lui oppose.

Je sais bien que, pour réponse, ces Messieurs tâchent d'insinuer que ce n'est point au théâtre à parler de ces matières [2]; mais je leur demande, avec leur permission, sur quoi ils fondent cette belle maxime. C'est une proposition qu'ils ne font que supposer, et qu'ils ne prouvent en aucune façon; et, sans doute, il ne serait pas difficile de leur faire voir que la Comédie, chez les anciens, a pris son origine de la religion et faisait partie de leurs mystères; que les Espagnols nos voisins, ne célèbrent guère de fête où la comédie ne soit mêlée; et que, même parmi nous, elle doit sa naissance aux soins d'une confrérie [3] à qui appartient encore aujourd'hui l'Hôtel de Bourgogne; que c'est un lieu qui fut donné pour y représenter les plus importants mystères de notre foi; qu'on en voit encore des Comédies imprimées en lettres gothiques, sous le nom d'un docteur de Sorbonne [4]; et, sans aller chercher si loin, que l'on a joué de notre temps des pièces saintes de Monsieur de Corneille, qui ont été l'admiration de toute la France [5].

Si l'emploi de la Comédie est de corriger les vices des hommes, je ne vois pas par quelle raison il y en aura des privilégiés [6]. Celui-ci

---

1. Tout de suite. — 2. Le Président de Lamoignon, avait dit à Molière : « Ce n'est pas au théâtre de se mêler de prêcher l'Évangile. » — 3. La Confrérie de la Passion. — 4. Allusion à un *Mystère de la Résurrection* d'un nommé Jehan Michel, docteur en médecine. — 5. *Polyeucte*, 1643; *Théodore, vierge et martyre*, 1645; en fait, si *Polyeucte* obtint un grand succès à la représentation, une première lecture de la pièce à l'Hôtel de Rambouillet, en 1642, avait été accueillie assez froidement. Mais l'argument est habile : comme il l'a fait ailleurs (*Critique de l'École des femmes*, sc. 6), Molière réclame les mêmes libertés pour la tragédie et pour la comédie. — 6. Voir *Dom Juan* : « L'hypocrisie est un vice privilégié », V, 3.

est, dans l'État, d'une conséquence bien plus dangereuse que tous les autres ; et nous avons vu que le Théâtre a une grande vertu pour la correction. Les plus beaux traits d'une sérieuse morale sont moins puissants, le plus souvent, que ceux de la satire ; et rien ne reprend mieux la plupart des hommes que la peinture de leurs défauts. C'est une grande atteinte aux vices que de les exposer à la risée de tout le monde. On souffre aisément des répréhensions ; mais on ne souffre point la raillerie. On veut bien être méchant ; mais on ne veut point être ridicule.

On me reproche d'avoir mis des termes de piété dans la bouche de mon Imposteur. Et pouvais-je m'en empêcher, pour bien représenter le caractère d'un Hypocrite ? Il suffit, ce me semble, que je fasse connaître les motifs criminels qui lui font dire les choses, et que j'en aie retranché les termes consacrés, dont on aurait eu peine à lui entendre faire un mauvais usage. Mais il débite au quatrième acte une morale pernicieuse[1]. Mais cette morale est-elle quelque chose dont tout le monde n'eût les oreilles rebattues ? Dit-elle rien de nouveau dans ma Comédie ? Et peut-on craindre que des choses si généralement détestées fassent quelque impression dans les esprits, qu'elles rende dangereuses en les faisant monter sur le Théâtre, qu'elles reçoivent quelque autorité de la bouche d'un scélérat ? Il n'y a nulle apparence à cela ; et l'on doit approuver la Comédie du *Tartuffe*, ou condamner généralement toutes les Comédies.

C'est à quoi l'on s'attache furieusement depuis un temps[2] ; et jamais on ne s'était si fort déchaîné contre le Théâtre[3]. Je ne puis pas nier qu'il n'y ait eu des Pères de l'Église qui ont condamné la Comédie ; mais on ne peut pas me nier aussi qu'il n'y en ait eu quelques-uns qui l'ont traitée un peu plus doucement. Ainsi l'autorité, dont on prétend appuyer la censure, est détruite par ce partage ; et toute la conséquence qu'on peut tirer de cette diversité d'opinions en des esprits éclairés des mêmes lumières, c'est qu'ils ont pris la Comédie différemment, et que les uns l'ont considérée dans sa pureté, lorsque les autres l'ont regardée dans sa corruption et confondue avec tous ces vilains Spectacles qu'on a eu raison de nommer des Spectacles de turpitude[4].

---

1. Celle des casuistes (cf. Pascal, VIIe *Provinciale*). — 2. Voir Urbain et Levesque, *l'Église et le Théâtre*, 1930. — 3. Vers 1660, le théâtre était attaqué à la fois par des ecclésiastiques, comme Bossuet et Bourdaloue, par les jansénistes (notamment Nicole, dans son *Traité de la Comédie* et ses *Visionnaires*, 1666), et par les dévots comme le prince de Conty (« converti » depuis 1657) qui, dans le *Traité de la Comédie* (1660), critiquait vivement Molière, son ancien protégé. — 4. Expression de saint Augustin, traduite par Corneille (*Théodore*, *Épître*, 1645).

Et en effet, puisqu'on doit discourir des choses et non pas des mots, et que la plupart des contrariétés viennent de ne se pas entendre et d'envelopper dans un même mot des choses opposées, il ne faut
110 qu'ôter le voile de l'équivoque et regarder ce qu'est la Comédie en soi, pour voir si elle est condamnable. On connaîtra, sans doute, que, n'étant autre chose qu'un Poème ingénieux qui, par des leçons agréables, reprend les défauts des hommes, on ne saurait la censurer sans injustice. Et, si nous voulons ouïr là-dessus le témoignage de l'antiquité, elle nous dira que ses plus célèbres philosophes ont donné des louanges à la Comédie, eux qui faisaient profession d'une sagesse si austère, et qui criaient sans cesse après les vices de leur siècle. Elle nous fera voir qu'Aristote a consacré des veilles au Théâtre et s'est donné le soin de réduire en préceptes l'art de faire
120 des Comédies [1]. Elle nous apprendra que de ses plus grands hommes et des premiers en dignité, ont fait gloire d'en composer eux-mêmes [2], qu'il y en a eu d'autres qui n'ont pas dédaigné de réciter [3] en public celles qu'ils avaient composées ; que la Grèce a fait pour cet Art éclater son estime par les prix glorieux et par les superbes Théâtres dont elle a voulu l'honorer ; et que, dans Rome enfin, ce même Art a reçu des honneurs extraordinaires : je ne dis pas dans Rome débauchée, et sous la licence des Empereurs, mais dans Rome disciplinée sous la sagesse des Consuls, et dans le temps de la vigueur de la vertu romaine.
130 J'avoue qu'il y a eu des temps où la Comédie s'est corrompue. Et qu'est-ce que dans le monde on ne corrompt point tous les jours ? Il n'y a chose si innocente où les hommes ne puissent porter du crime ; point d'Art si salutaire dont ils ne soient capables de renverser les intentions ; rien de si bon en soi qu'ils ne puissent tourner à de mauvais usages. La Médecine [4] est un art profitable, et chacun la révère comme une des plus excellentes choses que nous ayons [5] ; et cependant il y a eu des temps où elle s'est rendue odieuse, et souvent on en a fait un art d'empoisonner les hommes. La philosophie est un présent du Ciel ; elle nous a été donnée pour porter
140 nos esprits à la connaissance d'un Dieu, par la contemplation des merveilles de la Nature ; et pourtant on n'ignore pas que souvent on l'a détournée de son emploi, et qu'on l'a occupée publiquement à soutenir l'impiété. Les choses mêmes les plus saintes ne sont point

---

1. Dans sa *Poétique*. — 2. Allusion à Scipion l'Africain qui collabora, dit-on, aux comédies de Térence. Tallemant des Réaux prête à Mme de Rambouillet une réflexion analogue (éd. Adam, II, p. 686). — 3. Lire. — 4. Tout ce passage est imité de Quintilien (*Instit. Orat.*, II, 16). — 5. La suite du jugement atténue l'éloge, tout en accordant un apaisement aux médecins, si souvent maltraités par Molière.

à couvert de la corruption des hommes; et nous voyons des scélé-
rats qui, tous les jours, abusent de la piété et la font servir méchamm-
ment aux crimes les plus grands. Mais on ne laisse pas pour cela
de faire les distinctions qu'il est besoin de faire : on n'enveloppe
point, dans une fausse conséquence, la bonté des choses que l'on
corrompt avec la malice[1] des corrupteurs; on sépare toujours le
mauvais usage d'avec l'intention de l'Art; et, comme on ne s'avise
point de défendre la Médecine, pour avoir été bannie de Rome[2],
ni la Philosophie, pour avoir été condamnée publiquement dans
Athènes[3], on ne doit point aussi vouloir interdire la Comédie, pour
avoir été censurée en de certains temps. Cette censure a eu ses raisons, qui ne subsistent point ici. Elle s'est enfermée dans ce qu'elle
a pu voir; et nous ne devons point la tirer des bornes qu'elle s'est
données, l'étendre plus loin qu'il ne faut, et lui faire embrasser
l'innocent avec le coupable. La Comédie qu'elle a eu dessein d'attaquer n'est point du tout la Comédie que nous voulons défendre.
Il se faut bien garder de confondre celle-là avec celle-ci. Ce sont
deux personnes de qui les mœurs sont tout à fait opposées. Elles
n'ont aucun rapport l'une avec l'autre que[4] la ressemblance du
nom; et ce serait une injustice épouvantable que de vouloir condamner Olympe, qui est femme de bien, parce qu'il y a eu une Olympe
qui a été une débauchée. De semblables arrêts, sans doute, feraient
un grand désordre dans le monde. Il n'y aurait rien par là qui ne
fût condamné; et puisque l'on ne garde point cette rigueur à tant
de choses dont on abuse tous les jours, on doit bien faire la même
grâce à la Comédie et approuver les pièces de théâtre où l'on verra
régner l'instruction[5] et l'honnêteté.

Je sais qu'il y a des esprits[6] dont la délicatesse[7] ne peut souffrir
aucune Comédie, qui disent que les plus honnêtes sont les plus
dangereuses, que les passions que l'on y dépeint sont d'autant plus
touchantes qu'elles sont pleines de vertu, et que les âmes sont
attendries par ces sortes de représentations[8]. Je ne vois pas quel
grand crime c'est que de s'attendrir à la vue d'une passion honnête;
et c'est un haut étage de vertu que cette pleine insensibilité où ils
veulent faire monter notre âme. Je doute qu'une si grande perfection soit dans les forces de la nature humaine; et je ne sais s'il
n'est pas mieux de travailler à rectifier et adoucir les passions des

---

1. Méchanceté. — 2. Les Romains chassèrent d'Italie les médecins en même temps
que les Grecs (cf. Pline l'Ancien, *Hist. Nat.* XXIV, VIII). — 3. Allusion à la condamnation
de Socrate. — 4. Sauf, si ce n'est. — 5. La morale. — 6. Par exemple Pascal, Bossuet
et, d'une façon générale, les théologiens. — 7. Susceptibilité (ironique). — 8. Cf. Pascal,
Bossuet, et, au XVIIIᵉ siècle,Rousseau.

hommes que de vouloir les retrancher entièrement. J'avoue qu'il y a des lieux qu'il vaut mieux fréquenter que le Théâtre; et si l'on veut blâmer toutes les choses qui ne regardent pas directement Dieu et notre salut, il est certain que la Comédie en doit être, et je ne trouve point mauvais qu'elle soit condamnée avec le reste. Mais, supposé, comme il est vrai, que les exercices de la piété souffrent des intervalles et que les hommes aient besoin de divertissement, je soutiens qu'on ne leur en peut trouver un qui soit plus innocent que la Comédie. Je me suis étendu trop loin. Finissons par un mot d'un grand Prince [1] sur la Comédie du *Tartuffe*.

190   Huit jours après qu'elle eut été défendue [2], on représenta, devant la cour, une pièce, intitulée *Scaramouche ermite* [3]; et le Roi, en sortant, dit au grand Prince que je veux dire : « Je voudrais bien savoir pourquoi les gens qui se scandalisent si fort de la comédie de Molière ne disent mot de celle de *Scaramouche*. » A quoi le Prince répondit : « La raison de cela, c'est que la Comédie de *Scaramouche* joue le Ciel et la religion, dont ces Messieurs-là ne se soucient point; mais celle de Molière les joue eux-mêmes : c'est ce qu'ils ne peuvent souffrir. »

PLACETS AU ROI

PREMIER PLACET

PRÉSENTÉ AU ROI, SUR LA COMÉDIE DU « TARTUFFE », QUI N'AVAIT PAS ENCORE ÉTÉ REPRÉSENTÉE AU PUBLIC

Sire,

1   Le devoir de la Comédie étant de corriger les hommes en les divertissant [4], j'ai cru que, dans l'emploi où je me trouve [5], je n'avais rien de mieux à faire que d'attaquer par des peintures ridicules les vices de mon siècle; et comme l'Hypocrisie sans doute en est un des plus en usage, des plus incommodes et des plus dangereux, j'avais eu, Sire, la pensée que je ne rendrais pas un petit service à tous les honnêtes gens de votre royaume, si je faisais une Comédie qui décriât les Hypocrites et mît en vue, comme il faut, toutes

---

1. Le prince de Condé, chez qui eut lieu, au Raincy, la première représentation du *Tartuffe* en 5 actes : voir p. 3. — 2. Interdite. — 3. Farce grossière des comédiens italiens. 4. « *Castigat ridendo mores*, elle corrige les mœurs en riant » : devise de la Comédie, imaginée par le poète Santeul (1630-1697). — 5. Celui d'auteur comique.

les grimaces étudiées de ces gens de bien à outrance, toutes les fri-
ponneries couvertes [1] de ces faux-monnayeurs en dévotion, qui veulent attraper les hommes avec un zèle contrefait et une charité
sophistique [2].

Je l'ai faite, SIRE, cette Comédie, avec tout le soin, comme je crois,
et toutes les circonspections que pouvait demander la délicatesse
de la matière; et pour mieux conserver l'estime et le respect qu'on
doit aux vrais Dévots, j'en ai distingué le plus que j'ai pu le caractère que j'avais à toucher [3]; je n'ai point laissé d'équivoque; j'ai
ôté ce qui pouvait confondre le bien avec le mal, et ne me suis servi,
dans cette peinture, que des couleurs expresses et des traits essentiels
qui font reconnaître d'abord [4] un véritable et franc Hypocrite.

Cependant toutes mes précautions ont été inutiles. On a profité,
SIRE, de la délicatesse [5] de votre âme sur les matières de religion,
et l'on a su vous prendre par l'endroit seul que [6] vous êtes prenable,
je veux dire par le respect des choses saintes. Les Tartuffes, sous
main, ont eu l'adresse de trouver grâce auprès de VOTRE MAJESTÉ;
et les originaux, enfin, ont fait supprimer la copie, quelque innocente
qu'elle fût, et quelque ressemblante qu'on la trouvât.

Bien que ce m'ait été un coup sensible que la suppression de cet
Ouvrage, mon malheur pourtant était adouci par la manière dont
VOTRE MAJESTÉ s'était expliquée sur ce sujet; et j'ai cru, SIRE,
qu'Elle m'ôtait tout lieu de me plaindre, ayant eu la bonté de
déclarer qu'Elle ne trouvait rien à dire dans cette Comédie qu'Elle
me défendait de produire en public [7].

Mais, malgré cette glorieuse déclaration du plus grand Roi du
monde et du plus éclairé; malgré l'approbation encore de Monsieur le Légat [8] et de la plus grande partie de Messieurs les prélats, qui tous, dans des lectures particulières que je leur ai faites
de mon Ouvrage, se sont trouvés d'accord avec les sentiments de
VOTRE MAJESTÉ; malgré tout cela, dis-je, on voit un livre composé
par le curé de... [9], qui donne hautement un démenti à tous ces
augustes témoignages. VOTRE MAJESTÉ a beau dire, et Monsieur
le Légat et Messieurs les prélats ont beau donner leur jugement :
ma Comédie, sans l'avoir vue [10], est diabolique, et diabolique mon
cerveau; je suis un Démon vêtu de chair et habillé en homme, un

---

1. Déguisées — 2. Feinte. — 3. A peindre, à décrire. — 4. Tout de suite. — 5. Susceptibilité. — 6. Par lequel. — 7. La Grange note, dans son *Registre* : « Quoique [la pièce] eût
été trouvée fort divertissante [...], quoiqu'on ne doutât point des bonnes intentions de
l'auteur, S. M. la défendit pourtant en public et se priva soi-même de ce plaisir pour n'en
pas laisser abuser à d'autres moins capables d'en faire un juste discernement » (Relation des
« Plaisirs de l'Ile enchantée »). — 8. Le *Légat* Chigi, neveu du pape Alexandre VII, qui
l'avait chargé d'une ambassade en France. — 9. *Le curé de* Saint-Barthélemy, Pierre
Roullé. — 10. Sans qu'on l'ait vue.

libertin, un impie digne d'un supplice exemplaire[1]. Ce n'est pas assez que le feu expie en public mon offense, j'en serais quitte à trop bon marché; le zèle charitable de ce galant homme de bien n'a garde de demeurer là : il ne veut point que j'aie de miséricorde auprès de Dieu, il veut absolument que je sois damné, c'est une
50 affaire résolue.

Ce livre, SIRE, a été présenté à VOTRE MAJESTÉ; et sans doute Elle juge bien Elle-même combien il m'est fâcheux de me voir exposé tous les jours aux insultes de ces Messieurs; quel tort me feront dans le monde de telles calomnies, s'il faut qu'elles soient tolérées, et quel intérêt j'ai enfin à me purger[2] de son imposture et à faire voir au public que ma Comédie n'est rien moins que[3] ce qu'on veut qu'elle soit. Je ne dirai point, SIRE, ce que j'avais à demander pour ma réputation, et pour justifier à tout le monde l'innocence de mon ouvrage. Les Rois éclairés comme vous n'ont
60 pas besoin qu'on leur marque ce qu'on souhaite : ils voient, comme Dieu, ce qu'il nous faut, et savent mieux que nous ce qu'ils nous doivent accorder. Il me suffit de mettre mes intérêts entre les mains de VOTRE MAJESTÉ et j'attends d'Elle avec respect tout ce qu'il lui plaira d'ordonner là-dessus[4].

SECOND PLACET

PRÉSENTÉ AU ROI, DANS SON CAMP DEVANT LA VILLE DE LILLE EN FLANDRE[5]

SIRE,

C'est une chose bien téméraire à moi que de venir importuner un grand Monarque au milieu de ses glorieuses conquêtes; mais, dans l'état où je me vois, où trouver, SIRE, une protection qu'[6]au lieu où je la viens chercher? et qui puis-je solliciter, contre l'autorité de la puissance[7] qui m'accable, que la source de la puissance
70 et de l'autorité, que le juste dispensateur des ordres absolus, que le souverain juge et le maître de toutes choses?

Ma Comédie, SIRE, n'a pu jouir ici des bontés de VOTRE MAJESTÉ. En vain je l'ai produite[8] sous le titre de *l'Imposteur*, et déguisé le

---

1. Molière reprend, presque mot pour mot, les termes de son censeur : voir p. 5. — 2. à me justifier. — 3. N'est nullement. — 4. On étudiera, dans ce placet, l'habileté du courtisan et l'ironie. — 5. Août 1667. Louis XIV faisait alors le siège de Lille. — 6. Si ce n'est. — 7. Celle du président de Lamoignon qui avait interdit la représentation. — 8. *Produite* en public, représentée.

personnage sous l'ajustement d'un homme du monde[1]. J'ai eu beau lui donner un petit chapeau, de grands cheveux, un grand collet, une épée et des dentelles sur tout l'habit, mettre en plusieurs endroits des adoucissements, et retrancher avec soin tout ce que j'ai jugé capable de fournir l'ombre d'un prétexte aux célèbres originaux du portrait que je voulais faire : tout cela n'a de rien servi. La cabale s'est réveillée aux simples conjectures qu'ils ont pu avoir de la chose. Ils ont trouvé moyen de surprendre des esprits qui, dans toute autre matière, font une haute profession de ne se point laisser surprendre. Ma Comédie n'a pas plus tôt paru, qu'elle s'est vue foudroyée par le coup d'un pouvoir qui doit imposer du respect[2] ; et tout ce que j'ai pu faire en cette rencontre, pour me sauver moi-même de l'éclat de cette tempête, c'est de dire que VOTRE MAJESTÉ avait eu la bonté de m'en permettre la représentation[3], et que je n'avais pas cru qu'il fût besoin de demander cette permission à d'autres, puisqu'il n'y avait qu'Elle seule qui me l'eût défendue.

Je ne doute point, SIRE, que les gens que je peins dans ma comédie ne remuent bien des ressorts auprès de VOTRE MAJESTÉ, et ne jettent dans leur parti, comme ils ont déjà fait, de véritables gens de bien, qui sont d'autant plus prompts à se laisser tromper qu'ils jugent d'autrui par eux-mêmes. Ils ont l'art de donner de belles couleurs à toutes leurs intentions. Quelque mine[4] qu'ils fassent, ce n'est point du tout l'intérêt de Dieu qui les peut émouvoir; ils l'ont assez montré dans les Comédies qu'ils ont souffert qu'on ait jouées tant de fois en public sans en dire le moindre mot. Celles-là n'attaquaient que la piété et la religion, dont ils se soucient fort peu ; mais celle-ci les attaque et les joue eux-mêmes, et c'est ce qu'ils ne peuvent souffrir[5]. Ils ne sauraient me pardonner de dévoiler leurs impostures aux yeux de tout le monde; et sans doute on ne manquera pas de dire à VOTRE MAJESTÉ que chacun s'est scandalisé de ma Comédie. Mais la vérité pure, SIRE, c'est que tout Paris ne s'est scandalisé que de la défense qu'on en a faite, que les plus scrupuleux en ont trouvé la représentation profitable, et qu'on s'est étonné que des personnes d'une probité si connue aient eu une si grande déférence pour des gens qui devraient être l'horreur de tout le monde et sont si opposés à la véritable piété dont elles font profession.

J'attends avec respect l'arrêt que VOTRE MAJESTÉ daignera pro-

---

1. Voir p. 7. — 2. L'autorité de l'Église. — 3. Sans doute le Roi avait-il accordé verbalement cette autorisation, par personne interposée. Il est possible qu'Henriette d'Angleterre soit intervenue en faveur de Molière. — 4. Grimace; cf. La Fontaine, *Fables*, VII, 7 : « Il se fût bien passé de faire cette *mine*. » — 5. Voir la fin de la préface, p. 16.

noncer sur cette matière; mais il est très assuré, SIRE, qu'il ne faut plus que je songe à faire des comédies si les Tartuffes ont l'avantage [1], qu'ils prendront droit par là de me persécuter plus que jamais, et voudront trouver à redire aux choses les plus innocentes qui pourront sortir de ma plume.

Daignent vos bontés, SIRE, me donner une protection contre leur rage envenimée; et puissé-je, au retour d'une campagne si glorieuse, délasser VOTRE MAJESTÉ des fatigues de ses conquêtes, lui donner d'innocents plaisirs après de si nobles travaux, et faire rire le Monarque qui fait trembler toute l'Europe.

TROISIÈME PLACET

PRÉSENTÉ AU ROI,
le 5 février 1669

SIRE,

Un fort honnête médecin [2], dont j'ai l'honneur d'être le malade, me promet et veut s'obliger par devant notaires de me faire vivre encore trente années, si je puis lui obtenir une grâce de VOTRE MAJESTÉ. Je lui ai dit, sur sa promesse, que je ne lui demandais pas tant, et que je serais satisfait de lui pourvu qu'il s'obligeât de ne me point tuer. Cette grâce, SIRE, est un canonicat de votre chapelle royale de Vincennes, vacant par la mort de...

Oserais-je demander encore cette grâce à VOTRE MAJESTÉ, le propre jour de la grande résurrection de *Tartuffe* [3], ressuscité par vos bontés? Je suis, par cette première faveur, réconcilié avec les Dévots; et je le serais, par cette seconde, avec les Médecins [4]. C'est pour moi sans doute trop de grâce à la fois; mais peut-être n'en est-ce pas trop pour VOTRE MAJESTÉ; et j'attends avec un peu d'espérance respectueuse la réponse de mon Placet [5].

---

1. Molière dut fermer son théâtre pendant sept semaines. — 2. M. de Mauvillain, doyen de la Faculté. C'est pour le fils de ce médecin que Molière sollicite un canonicat. — 3. Allusion à la représentation publique du 5 février 1669. — 4. Molière avait déjà raillé les médecins dans *l'Amour Médecin, le Médecin malgré lui*, et *Dom Juan*. — 5. A *mon Placet*.

BIBLIOGRAPHIE

L'Information littéraire de janvier-février 1973 donne un « État présent des études sur Molière » par Georges Couton, et l'on trouvera dans « *Tartuffe* » *devant l'opinion française* d'Herman Prins Salomon l'historique des principales réactions qu'a suscitées la pièce du xviie siècle à nos jours (P.U.F., 1962).

Ouvrages généraux sur Molière

A. Adam, *Histoire de la littérature française au XVIIe siècle*, tome III, Domat, 1956.

E. Auerbach, *Mimésis*, traduction française, Gallimard, 1968 (chap. XV, « le Faux Dévot ».

P. Bénichou, *Morale du Grand Siècle*, Gallimard, 1948.

R. Bray, *Molière homme de théâtre*, Mercure de France, 1954.

R. Monod, « Molière », dans *Histoire littéraire de la France*, tome IV, IIe partie, chap. 2, Éd. sociales, 1975.

Ouvrages sur « Tartuffe »

J. Guicharnaud, *Molière, une aventure théâtrale*, Gallimard, 1963.

J. Schérer, *Structures de « Tartuffe »*, S.E.D.E.S., 1966.

« Molière combattant », *Europe*, janvier-février 1966.

Ouvrages sur la mise en scène de « Tartuffe »

M. Descotes, *les Grands Rôles du théâtre de Molière*, P.U.F., 1960.

Louis Jouvet, « Pourquoi j'ai monté *Tartuffe* », *Conferencia*, 1950.

F. Ledoux, *le « Tartuffe » de Molière*, avec mise en scène et commentaires, Seuil, 1953.

B. Dort, « les Classiques au théâtre ou la métamorphose sans fin », *Histoire littéraire de la France*, tome IV, IIe partie, chap. 4, Éd. sociales, 1975.

Revue *Pratiques*, nos 15-16, juillet 1977 (en particulier « Lectures des classiques », entretiens avec A. Vitez et R. Planchon).

Revue *Pratiques*, no 24, août 1979 (en particulier « la Critique théâtrale : analyse d'un discours journalistique », par F. Doumazane, C. Masseron, N. Neumayer, A. Petitjean, à propose de la « Tétralogie » de Vitez).

Ouvrages sur le théâtre en général

J. Schérer, *la Dramaturgie classique en France*, Nizet, 1950.

A. Ubersfeld, *Lire le théâtre*, « Les classiques du peuple », Éd. sociales, 1978.

SCHÉMA DE LA COMÉDIE

Acte I, sc. 1 En l'absence d'Orgon, Mme Pernelle reproche à sa bru et à ses petits-enfants de mener une vie dissolue ; elle prend la défense de Tartuffe, dévot personnage qu'Orgon a recueilli chez lui et que les autres membres de la famille accusent d'exercer dans la maison un « pouvoir tyrannique », sous des dehors hypocrites.

L'action se noue : La famille d'Orgon divisée par l'intrus.

2 Dorine expose à Cléante l'aveuglement d'Orgon à l'égard de Tartuffe, dont elle dénonce l'hypocrisie.

3 et 4 De retour de voyage, Orgon s'inquiète de la santé de Tartuffe et s'attendrit aux réponses ironiques de Dorine.

5 Il fait l'éloge de Tartuffe et répond évasivement à Cléante qui lui rappelle la promesse de mariage accordée à Valère, amoureux de Mariane.

Acte II, sc. 1 Orgon annonce à Mariane qu'il lui destine Tartuffe comme époux. Stupeur indignée de Mariane, qui aime Valère.

On frôle le drame : L'amour en péril.

2 Dorine tente en vain de faire revenir Orgon sur sa décision.

3 Avec une feinte rudesse, elle réconforte la trop docile Mariane et l'exhorte à la résistance.

4 Scène de dépit amoureux entre Mariane et Valère. Mais Dorine réconcilie de force les deux amants.

Acte III, sc. 1 Damis, furieux, veut se venger de Tartuffe, mais Dorine l'engage à laisser Elmire agir à son idée.

Le drame se précise : L'imposteur triomphe.

2 Mandé par celle-ci, Tartuffe paraît enfin. Il rencontre Dorine, qui le nargue effrontément.

3 Elmire demande à Tartuffe de renoncer à Mariane. Tartuffe en profite pour essayer de séduire Elmire qui consent à ne pas révéler à son mari la conduite de l'imposteur, à condition que celui-ci favorise l'union de Valère et de Mariane.

4 et 5 Mais, d'un cabinet voisin, Damis a tout entendu. Indigné, il court informer son père, qui ne veut pas le croire.

6	Devant Orgon, Tartuffe joue l'humilité et la dévotion persécutée. Accusé de calomnie, Damis est déshérité et chassé par son père.	
7	Tartuffe continue son manège : il s'effacera et quittera la maison. Mais Orgon le supplie de rester, lui permet de voir Elmire en toute liberté, et lui lègue tous ses biens.	

Acte IV, sc. 1	Indigné de la conduite d'Orgon et de Tartuffe, Cléante enjoint à ce dernier de réconcilier le père et le fils. Mais Tartuffe se dérobe et coupe court à l'entretien.	**L'hypocrite démasqué**
2 et 3	Malgré les supplications de sa fille et les protestations de Cléante, Orgon décide de marier au plus tôt Tartuffe et Mariane.	
4 et 5	Pour désabuser son mari, Elmire fait cacher celui-ci sous une table, appelle Tartuffe et feint de répondre à ses avances, en l'obligeant à se démasquer.	
6	Orgon comprend enfin qu'il a été joué et donne libre cours à son indignation.	
7	Il veut chasser Tartuffe mais celui-ci jette le masque : la maison lui appartient désormais.	
8	Elmire, qui ignore la donation, s'étonne de l'embarras d'Orgon.	

Acte V, sc. 1	Resté seul avec Cléante, Orgon confesse qu'il a remis à Tartuffe une cassette, contenant des papiers compromettants confiés par un ami proscrit.	**Le châtiment** de l'imposteur.
2	Furieux, Damis veut châtier l'imposteur.	
3	Seule, Mme Pernelle se refuse encore à croire Tartuffe coupable.	
4	M. Loyal, huissier, signifie à Orgon l'ordre d'expulsion.	
5 et 6	Mme Pernelle, enfin désabusée, Valère veut aider Orgon à fuir pour échapper à la justice du Roi.	
7	Tartuffe se présente avec un exempt pour faire arrêter Orgon. Mais — coup de théâtre —, c'est Tartuffe que l'exempt arrête : le roi a démasqué l'imposteur, et pardonne à Orgon en raison d'anciens services rendus sous la Fronde. Grâce au prince «ennemi de la fraude», Mariane épousera Valère.	Le *Deus ex machina*.

Jacques Debary (ORGON) et Arlette Gilbert (DORINE)
dans une mise en scène de Roger Planchon au
théâtre de la Porte Saint-Martin, Juin 1977

Nada Strancar (DORINE), Daniel Martin (ORGON) et
Dominique Valadie (MARIANNE) dans une mise en scène
d'Antoine Vitez au théâtre de la Porte Saint-Martin, 1978

DISTRIBUTION

LES PERSONNAGES	LES ACTEURS [1]
Mme PERNELLE, mère d'Orgon.	*Béjart* [2].
ORGON, mari d'Elmire.	*Molière* [3].
ELMIRE, femme d'Orgon.	*Mlle Molière* [4].
DAMIS, fils d'Orgon.	*Hubert* [5].
MARIANE, fille d'Orgon et amante de Valère.	*Mlle De Brie* [6].
VALÈRE, amant de Mariane.	*La Grange* [7].
CLÉANTE, beau-frère d'Orgon.	*La Thorillière* [8].
TARTUFFE, faux dévot.	*Du Croisy* [9].
DORINE, suivante de Mariane.	*Mlle Béjart* [10].
MONSIEUR LOYAL, sergent.	
UN EXEMPT.	
FLIPOTE, servante de Mme Pernelle.	*Flipote* [11]

La scène est à Paris, dans la maison d'Orgon.

1. Nous indiquons ici la distribution des rôles à la création, d'après La Grange et le gazetier Robinet (*Lettre à Madame*, du 23 février 1669). — 2. Les rôles de vieilles femmes ridicules étaient souvent tenus par des hommes. Béjart était boiteux, ce qui devait rendre le personnage plus caricatural. — 3. Si Molière se réserva le rôle d'Orgon, c'est certainement qu'il voulait mettre l'accent sur l'aspect comique du personnage. — 4. Elle avait alors une vingtaine d'années. — 5. André Hubert, « acteur français, mort en 17... Il était l'original de plusieurs rôles qu'il représentait dans les pièces de Molière, et comme il étoit entré dans le sens de ce fameux auteur, par qui il avoit été instruit, il y réussissoit parfaitement. Jamais acteur n'a porté si loin les rôles d'homme en femme » (*Anecdotes dramatiques*, anonyme, 1775). — 6. Elle avait près de cinquante ans mais continuait à jouer les ingénues avec succès. C'est elle qui interpréta le rôle d'Agnès dans *l'École des femmes*, jusqu'à la soixantaine passée. — 7. Charles Varlet, sieur de la Grange, ami et collaborateur de Molière; auteur du précieux *Registre*. — 8. Le Noir de la Thorillière, « gentilhomme qui, d'officier de cavalerie, se fit comédien pour les rôles de roi et de paysan en 1658 et mourut en 1679 » (*Anecdotes dramatiques*). — 9. Philibert Gassaud, dit du Croisy, « gentilhomme du pays de Beauce [...] était à la tête d'une troupe de comédiens de province lorsqu'il se joignit à celle de Molière » (*op. cit.*). Il était gras, avec un visage poupin, et gourmand. — 10. Madeleine Béjart, spécialisée dans les rôles de soubrettes et les rôles ridicules. — 11. Simple gagiste, à qui l'on donnait des rôles de figuration.

26

LE TARTUFFE [1]
1664-1669

ACTE PREMIER

Scène première. — MADAME PERNELLE
et FLIPOTE, *sa servante,* ELMIRE, MARIANE, DORINE,
DAMIS, CLÉANTE.

Mme PERNELLE. — Allons, Flipote, allons, que d'eux je me délivre.

ELMIRE. — Vous marchez d'un tel pas qu'on a peine à vous
[suivre.

Mme PERNELLE. — Laissez, ma bru, laissez, ne venez pas plus loin;
Ce sont toutes façons dont je n'ai pas besoin.

ELMIRE. — 5 De ce que l'on vous doit envers vous on s'acquitte.
Mais, ma mère, d'où vient que vous sortez si vite?

Mme PERNELLE. — C'est que je ne puis voir tout ce ménage [2]-ci,
Et que de me complaire on ne prend nul souci.
Oui, je sors de chez vous fort mal édifiée :
10 Dans toutes mes leçons j'y suis contrariée;
On n'y respecte rien, chacun y parle haut,
Et c'est tout justement la cour du roi Pétaud [3].

DORINE. — Si...

Mme PERNELLE. — Vous êtes, mamie, une fille suivante [4]
Un peu trop forte en gueule [5] et fort impertinente;
15 Vous vous mêlez sur tout de dire votre avis.

DAMIS. — Mais...

Mme PERNELLE. — Vous êtes un sot en trois lettres [6], mon fils :
C'est moi qui vous le dis, qui suis votre grand-mère;
Et j'ai prédit cent fois à mon fils, votre père,
Que vous preniez tout l'air d'un méchant garnement,
20 Et ne lui donneriez jamais que du tourment.

MARIANE. — Je crois...

Mme PERNELLE. — Mon Dieu, sa sœur, vous faites la discrète [7],
Et vous n'y touchez pas, tant vous semblez dou-
[cette [8];

---

1. L'édition de 1688 est encore intitulée : *l'Imposteur.* — 2. Désordre; cf. La Fontaine, *Fables,* II, 8. — 3. Un lieu où règne l'anarchie, une pétaudière : *le roi Pétaud,* chef de la corporation des mendiants, était fort peu respecté de ses sujets. — 4. Demoiselle de compagnie. — 5. Bavarde; l'expression était seulement familière, au XVIIe s. — 6. Mme Pernelle insiste sur le mot. — 7. Ancienne forme du féminin. — 8. Diminutif ironique. Colette appellera une de ses chattes *Kiki-la-Doucette.*

Mais il n'est, comme on dit, pire eau que l'eau q▸
[dor▸
Et vous menez sous chape [1] un train que je hais for▸

ELMIRE. — 25 Mais, ma mère...

Mme PERNELLE. — Ma bru, qu'il ne vous en déplais▸
Votre conduite en tout est tout à fait mauvaise▸
Vous devriez leur mettre un bon exemple aux yeu▸
Et leur défunte mère en usait beaucoup mieux.
Vous êtes dépensière, et cet état [2] me blesse,
30 Que vous alliez vêtue ainsi qu'une princesse.
Quiconque à son mari veut plaire seulement,
Ma bru, n'a pas besoin de tant d'ajustement [3].

CLÉANTE. — Mais, Madame, après tout...

Mme PERNELLE. — Pour vous, Monsieur son frère▸
Je vous estime fort, vous aime et vous révère;
35 Mais enfin, si j'étais de mon fils, son époux,
Je vous prierais bien fort de n'entrer point chez nous▸
Sans cesse vous prêchez des maximes de vivre
Qui par d'honnêtes gens ne se doivent point suivre▸
Je vous parle un peu franc; mais c'est là mo▸
[humeur▸
40 Et je ne mâche point ce que j'ai sur le cœur.

DAMIS. — Votre Monsieur Tartuffe est bien heureux san▸
[doute..

Mme PERNELLE. — C'est un homme de bien, qu'il faut que l'on écoute▸
Et je ne puis souffrir sans me mettre en courrou▸
De le voir querellé par un fou comme vous.

DAMIS. — 45 Quoi ! je souffrirai, moi, qu'un cagot de critique ▸
Vienne usurper céans [5] un pouvoir tyrannique,
Et que nous ne puissions à rien nous divertir
Si ce beau Monsieur-là n'y daigne consentir ?

DORINE. — S'il le faut écouter et croire à [6] ses maximes,
50 On ne peut faire rien qu'on ne fasse des crimes;
Car il contrôle tout, ce critique zélé.

Mme PERNELLE. — Et tout ce qu'il contrôle est fort bien contrôlé.
C'est au chemin du Ciel qu'il prétend vous conduire▸
Et mon fils à l'aimer vous devrait tous induire [7].

---

1. Sous cape (en secret) : la cape était un manteau qui couvrait la tête et le corps. —
2. Cette tenue, cette toilette; mot « bas », au XVIIe s. (*Dict.* de Furetière, 1690). —
3. Tant de parure. — 4. Faux dévot, qui a la manie de tout critiquer. — 5. Ici (*cé*) dedans
(*ans*), dans la maison. — 6. Ajouter foi à. — 7. Amener.

AMIS.
55 Non, voyez-vous, ma mère, il n'est père ni rien
Qui me puisse obliger à lui vouloir du bien.
Je trahirais mon cœur de parler d'autre sorte.
Sur ses façons de faire à tous coups je m'emporte ;
J'en prévois une suite, et qu'avec ce pied plat [1]
60 Il faudra que j'en vienne à quelque grand éclat.

DORINE. — Certes, c'est une chose aussi qui scandalise,
De voir qu'un inconnu céans s'impatronise [2] ;
Qu'un gueux qui, quand il vint, n'avait pas de
[souliers
Et dont l'habit entier valait bien six deniers,
65 En vienne jusque-là que de se méconnaître,
De contrarier tout et de faire le maître.

Mme PERNELLE. — Hé ! merci de ma vie ! il en irait bien mieux
Si tout se gouvernait par ses ordres pieux.

DORINE. — Il passe pour un saint dans votre fantaisie :
70 Tout son fait [3], croyez-moi, n'est rien qu'hypocrisie.

Mme PERNELLE. — Voyez la langue !

DORINE. —   A lui, non plus qu'à son Laurent,
Je ne me fierais, moi, que sur un bon garant.

Mme PERNELLE. — J'ignore ce qu'au fond le serviteur peut être,
Mais pour homme de bien je garantis le maître.
75 Vous ne lui voulez mal et ne le rebutez
Qu'à cause qu'il vous dit à tous vos vérités.
C'est contre le péché que son cœur se courrouce,
Et l'intérêt du Ciel est tout ce qui le pousse.

---

1. Rustre, gueux (les paysans portaient des souliers plats). — 2. S'établisse comme chez lui. — 3. Toute sa conduite.

■■■

- **La situation** (v. 1-40) — La famille d'Orgon avant l'arrivée de Tartuffe. Pourquoi Molière a-t-il retardé l'apparition de l'hypocrite ? (voir la préface). ① Comparez l'exposition du *Tartuffe* et celle du *Misanthrope*.
- **La peinture des mœurs** — Une famille bourgeoise au XVIIe siècle. Le conflit des générations et des morales.
- **Les caractères** — Mme PERNELLE : «une vieille dame insupportable, têtue, rageuse, de bonne bourgeoisie française. [...] On ne lui en conte pas. [...] Elle est dure à moudre» (Robert Kemp, *le Temps*). ② Comparez Mme Pernelle et Mme Jourdain : caractère, langage.
- **Le comique :** situation, caractères, mots, jeux de scène.

■■■

DORINE. — Oui ; mais pourquoi, surtout depuis un certain temps
80 Ne saurait-il souffrir qu'aucun hante [1] céans ?
En quoi blesse le Ciel une visite honnête,
Pour en faire un vacarme à nous rompre la tête
Veut-on que là-dessus je m'explique entre nous ?
(Montrant Elmire.)
Je crois que de Madame il est, ma foi, jaloux [2].

Mme PERNELLE. - 85 Taisez-vous, et songez aux choses que vous dites
Ce n'est pas lui tout seul qui blâme ces visites :
Tout ce tracas qui suit les gens que vous hantez
Ces carrosses sans cesse à la porte plantés,
Et de tant de laquais le bruyant assemblage,
90 Font un éclat fâcheux dans tout le voisinage.
Je veux croire qu'au fond il ne se passe rien ;
Mais enfin on en parle, et cela n'est pas bien.

CLÉANTE. — Hé ! voulez-vous, Madame, empêcher qu'on ne cause
Ce serait dans la vie une fâcheuse chose
95 Si, pour les sots discours où [3] l'on peut être mis,
Il fallait renoncer à ses meilleurs amis.
Et, quand même on pourrait se résoudre à le faire
Croiriez-vous obliger tout le monde à se taire ?
Contre la médisance [4] il n'est point de rempart.
100 A tous les sots caquets n'ayons donc nul égard,
Efforçons-nous de vivre avec toute innocence,
Et laissons aux causeurs une pleine licence.

DORINE. — Daphné, notre voisine, et son petit époux
Ne seraient-ils point ceux qui parlent mal de nous ?
105 Ceux de qui la conduite offre le plus à rire
Sont toujours sur autrui les premiers à médire ;
Ils ne manquent jamais de saisir promptement
L'apparente lueur du moindre attachement [5],
D'en semer la nouvelle avec beaucoup de joie,
110 Et d'y donner le tour qu'ils veulent qu'on y croie.
Des actions d'autrui, teintes de leurs couleurs,
Ils pensent dans le monde autoriser les leurs,
Et, sous le faux espoir de quelque ressemblance,
Aux intrigues qu'ils ont donner de l'innocence,
115 Ou faire ailleurs tomber quelques traits partagés
De ce blâme public dont ils sont trop chargés.

---

1. Fréquente. — 2. Indication très importante, qui prépare les scènes 3 et 4 du troisième acte et la scène 5 du quatrième. — 3. Dans lesquels. — 4. Au XVIIe s. : calomnie. — 5. Liaison amoureuse.

Mme PERNELLE. — Tous ces raisonnements ne font rien à l'affaire.
On sait qu'Orante mène une vie exemplaire;
Tous ses soins vont au Ciel; et j'ai su, par des gens,
120 Qu'elle condamne fort le train[1] qui vient céans.

DORINE. — L'exemple est admirable, et cette dame est bonne!
Il est vrai qu'elle vit en austère personne;
Mais l'âge dans son âme a mis ce zèle ardent,
Et l'on sait qu'elle est prude[2] à son corps défen-
[dant[3].

125 Tant qu'elle a pu des cœurs attirer les hommages,
Elle a fort bien joui de tous ses avantages;
Mais, voyant de ses yeux tous les brillants[4] baisser,
Au monde, qui la quitte, elle veut renoncer,
Et du voile pompeux d'une haute sagesse
130 De ses attraits usés déguiser la faiblesse.
Ce sont là les retours[5] des coquettes du temps.
Il leur est dur de voir déserter les galants.
Dans un tel abandon, leur sombre inquiétude
Ne voit d'autre recours que le métier de prude,
135 Et la sévérité de ces femmes de bien
Censure toute chose et ne pardonne à rien;
Hautement d'un chacun[6] elles blâment la vie,
Non point par charité, mais par un trait d'envie
Qui ne saurait souffrir qu'une autre ait les plaisirs
140 Dont le penchant de l'âge a sevré leurs désirs[7].

Mme PERNELLE, *à Elmire*.
— Voilà les contes bleus[8] qu'il vous faut pour vous
[plaire.
Ma bru, l'on est chez vous contrainte de se taire,
Car Madame à jaser tient le dé[9] tout le jour;
Mais enfin je prétends discourir à mon tour.
145 Je vous dis que mon fils n'a rien fait de plus sage
Qu'en recueillant chez soi[10] ce dévot personnage;

---

1. L'affluence de visiteurs. — 2. D'une vertu rigoureuse (sans idée péjorative, à l'origine : voir Boileau, *Satire* IV, v. 73). — 3. Malgré elle, à contre-cœur. — 4. L'éclat (voir *le Misanthrope*, v. 1018). — 5. Artifices (terme de vénerie, pris au sens figuré). — 6. Tout le monde (cf. lat. *unusquisque*). — 7. D'après la *Lettre sur l'Imposteur*, cette tirade de Dorine (v. 121-140), ainsi que la précédente (v. 103-116), étaient dites par Cléante. — 8. Contes pour les enfants, romans de chevalerie, etc., publiés en brochures à couverture *bleue*. On disait aussi, dans le même sens : « Contes violets ou jaunes » (*Dict.* de Furetière, 1690). — 9. Se dit, au sens propre, du joueur qui a les dés en mains, et par suite, dans une conversation, de celui qui la mène, qui parle plus que les autres. — 10. Chez lui : au XVIIe s. le réfléchi s'employait pour représenter un sujet déterminé. —

Que le Ciel, au besoin, l'a céans envoyé
Pour redresser à tous votre esprit fourvoyé;
Que pour votre salut vous le devez entendre,
150 Et qu'il ne reprend rien qui ne soit à reprendre.
Ces visites, ces bals, ces conversations
Sont du malin esprit [1] toutes inventions [2].
Là, jamais on n'entend de pieuses paroles;
Ce sont propos oisifs, chansons et fariboles [3];
155 Bien souvent le prochain en a sa bonne part,
Et l'on y sait médire et du tiers et du quart.
Enfin les gens sensés ont leurs têtes troublées
De la confusion de telles assemblées;
Mille caquets divers s'y font en moins de rien,
160 Et, comme l'autre jour un docteur [4] dit fort bien,
C'est véritablement la tour de Babylone [5],
Car chacun y babille, et tout du long de l'aune [6];
Et, pour conter l'histoire où ce point [7] l'engagea...
(Montrant Cléante.)
Voilà-t-il pas Monsieur qui ricane déjà?
165 Allez chercher [8] vos fous qui vous donnent à rire,
(A Elmire.)
Et sans... Adieu, ma bru; je ne veux plus rien dire.
Sachez que pour céans j'en rabats de moitié [9],
Et qu'il fera beau temps quand j'y mettrai le pié [10].
(Donnant un soufflet à Flipote.)
Allons! vous, vous rêvez et bayez aux corneilles.
170 Jour de Dieu! je saurai vous frotter les oreilles.
Marchons, gaupe [11], marchons!

SCÈNE II. — CLÉANTE, DORINE.

CLÉANTE.   —   Je n'y veux point aller,
De peur qu'elle ne vînt encor me quereller;

---

1. Le démon. — 2. Sganarelle, dans *l'École des maris* (I, 2) et Arnolphe, dans *l'École des femmes*, tiennent exactement le même langage. Dans *le Tartuffe* comme dans ces deux comédies, Molière veut surtout ridiculiser le rigorisme. — 3. Vains propos, billevesées. — 4. *Docteur* en théologie. — 5. La Tour de Babel (nom hébreu de *Babylone*). — 6. A pleine mesure; Mme Pernelle reprend ici un calembour que l'on trouve chez certains moralistes chrétiens du temps : *babille-aune.* — 7. *Ce point* (de son discours), à savoir le bavardage des femmes. Mme Pernelle va répéter le sermon récemment entendu : d'où le sourire de Cléante. — 8. *Allez chercher* ailleurs. — 9. Je retire la *moitié* de mon estime à votre maison. — 10. Orthographe archaïque : voir le v. 643. — 11. Souillon, fille malpropre (de l'allemand dialectal *Walpe* : sotte femme).

Que cette bonne femme [1]...

ORINE. —   Ah ! certes, c'est dommage
Qu'elle ne vous ouït tenir un tel langage ;
175 Elle vous dirait bien qu'elle vous trouve bon,
Et qu'elle n'est point d'âge à lui donner ce nom.

LÉANTE. — Comme elle s'est pour rien contre nous échauffée,
Et que de son Tartuffe elle paraît coiffée [2] !

ORINE. — Oh ! vraiment, tout cela n'est rien au prix du fils ;
180 Et, si vous l'aviez vu, vous diriez : « C'est bien pis ! »
Nos troubles [3] l'avaient mis sur le pied d'homme
                                                   [sage,
Et pour servir son prince il montra du courage ;
Mais il est devenu comme un homme hébété
Depuis que de Tartuffe on le voit entêté.
185 Il l'appelle son frère et l'aime dans son âme
Cent fois plus qu'il ne fait [4] mère, fils, fille et femme.
C'est de tous ses secrets l'unique confident
Et de ses actions le directeur prudent.
Il le choie, il l'embrasse ; et pour une maîtresse
190 On ne saurait, je pense, avoir plus de tendresse ;
A table, au plus haut bout il veut qu'il soit assis ;
Avec joie il l'y voit manger autant que six ;
Les bons morceaux de tout, il fait qu'on les lui cède ;
Et, s'il vient à roter [5], il lui dit : « Dieu vous aide ! »

---

1. Vieille femme. — 2. Entichée. Cf. La Fontaine, *Fables*, IV, 1. — 3. La Fronde. Ce vers t le suivant préparent le dénouement. Dans la *Lettre sur l'Imposteur*, Orgon est qualifié ' « homme d'État ». — 4. *Qu'il* n'aime. — 5. Molière note, avant le v. 194 : « C'est une ervante qui parle. »

- **Le portrait de Tartuffe** — L'imposteur vu par Mme Pernelle : « ... elle ne jugerait pas si rigoureusement les débordements de ceux à qui elle parle s'ils avaient autant de respect, d'estime et d'admiration que son fils et elle pour M. Panulphe » *(Lettre sur l'Imposteur)*.

- **La satire des mœurs** — Les deux « morales » en conflit : le rigorisme désuet de Mme Pernelle, « l'austérité ridicule du temps passé » *(Lettre sur l'Imposteur)* ; la morale mondaine de la nouvelle génération. Morale et religion : cf. *Provinciales* de Pascal. — La médisance : voir La Bruyère, *Caractères*, VIII, 39.
  ① Comparez Orante (v. 118 et suivants) et Bélise *(Femmes savantes)*.

- **L'intérêt de la scène** — Un modèle d'exposition, complète et vivante.
  ② Commentez à ce double point de vue le jugement de Gœthe : l'exposition de *Tartuffe* est « en ce genre ce qu'il y a de plus grand ».

195 Enfin il en est fou; c'est son tout, son héros;
Il l'admire à tous coups, le cite à tous propos,
Ses moindres actions lui semblent des miracles,
Et tous les mots qu'il dit sont pour lui des oracle
Lui, qui connaît sa dupe et qui veut en jouir,
200 Par cent dehors fardés a l'art de l'éblouir;
Son cagotisme[1] en tire à toute heure des somm
Et prend droit de gloser sur tous tant que no
[somme
Il n'est pas jusqu'au fat[2] qui lui sert de garçon
Qui ne se mêle aussi de nous faire leçon;
205 Il vient nous sermonner avec des yeux farouche
Et jeter nos rubans, notre rouge et nos mouches
Le traître, l'autre jour, nous rompit de ses mai
Un mouchoir[4] qu'il trouva dans une *Fleur a*
[*saints*
Disant que nous mêlions, par un crime effroyab
210 Avec la sainteté les parures du diable.

SCÈNE III. — ELMIRE, MARIANE, DAMIS,
CLÉANTE, DORINE.

ELMIRE, *à Cléante*.

— Vous êtes bienheureux de n'être point venu
Au discours qu'à la porte elle nous a tenu.
Mais j'ai vu mon mari; comme il ne m'a point vue
Je veux aller là-haut attendre sa venue.

CLÉANTE. 215 Moi, je l'attends ici pour moins d'amusement[7],
Et je vais lui donner le bonjour seulement.

DAMIS. — De l'hymen de ma sœur touchez-lui quelque cho
J'ai soupçon que Tartuffe à son effet[8] s'oppose,
Qu'il oblige mon père à des détours si grands,
220 Et vous n'ignorez pas quel intérêt j'y prends.

---

1. *Cagotisme* ou *cagoterie*, dévotion qui s'affiche, ou hypocrite. — 2. Sot, qui fait l'imp
tant; cf. Boileau, *Satire* IX, v. 151. — 3. Petits morceaux de tissu noir que les dames app
quaient sur leur visage pour rehausser l'éclat de leur teint. Les dévots en blâmaient l'usa
comme une grande marque de coquetterie. — 4. Linge, garni ordinairement de dente
dont les dames se servaient pour cacher et parer leur gorge (mouchoir *de col*) (*Dict.* de Fu
tière, 1690). — 5. *Les Fleurs des vies des saints* par le Jésuite espagnol Ribadenei
Dorine y mettait ses mouchoirs « sous presse », comme Chrysale, dans *les Femm
Savantes*, mettait ses rabats dans un gros Plutarque, pour les repasser.
6. La *Lettre sur l'Imposteur* explique ainsi l'attitude d'Elmire : « Quoique la dame se tr
vât assez mal [voir la scène suivante], elle était descendue avec bien de l'incommoo
dans cette salle basse pour accompagner sa belle-mère. » Néanmoins, Elmire ne sem
guère pressée de revoir son mari : et cette tiédeur pouvait choquer les « prudes ». — 7.
retard; cf. : muser, musarder, musardise. — 8. Sa conclusion.

Si même ardeur enflamme et ma sœur et Valère,
La sœur de cet ami, vous le savez, m'est chère;
Et s'il fallait...

ORINE.   —   Il entre.

SCÈNE IV. — ORGON, CLÉANTE, DORINE.

RGON.   —   Ah! mon frère, bonjour.

LÉANTE. — Je sortais, et j'ai joie à vous voir de retour.
225 La campagne à présent n'est pas beaucoup fleurie.

RGON, *à Cléante.*

— Dorine... Mon beau-frère, attendez, je vous prie.
Vous voulez bien souffrir, pour m'ôter de souci,
Que je m'informe un peu des nouvelles d'ici?

                 (A Dorine.)

Tout s'est-il, ces deux jours, passé de bonne sorte?
230 Qu'est-ce qu'on fait céans[1]? comme[2] est-ce qu'on
[s'y porte?

---

1. Voir p. 28. n. 5. — 2. Comment. Vaugelas condamnait l'emploi de *comme*, interrogatif.

■■■

- Comment **la scène 2** prolonge-t-elle la précédente? Que nous apprend-elle sur Orgon et sur ses relations avec Tartuffe? Pourquoi Molière a-t-il confié à Dorine le soin de nous renseigner? — Importance de l'indication donnée au vers 194 : « c'est une servante qui parle ».

- **Le portrait d'Orgon** — Molière use du même procédé de présentation que pour Tartuffe; mais Orgon apparaît le premier : pourquoi? (préface, l. 47-48). Comme Mme Pernelle, Orgon est « coiffé » de Tartuffe. Mais Dorine est plus sévère encore pour le fils que pour la mère : pourquoi? Songeons à la servante Martine, dans *les Femmes savantes*, et à l'idée qu'elle se fait du rôle de Chrysale dans la maison (v. 1644).

- **Suite du portrait de Tartuffe :** le faux dévot. ① Pourquoi est-il naturel que Dorine associe le valet au maître (v. 203-204)? Comparez ce portrait à celui d'Onuphre dans *les Caractères* de La Bruyère (XIII, 24).

  ② Comment s'expliquent les critiques du moraliste au sujet du personnage de Tartuffe?

- **Le langage de Dorine :** ③ Comparez-le à celui de Mme Pernelle — Comment se justifie-t-il?

- **La scène 3 :** simple transition qui prépare l'arrivée d'Orgon. Quel élément nouveau apporte-t-elle cependant à l'action?

  ④ Appréciez l'attitude d'Elmire envers son mari.

■■■

DORINE.	— Madame eut avant-hier[1] la fièvre jusqu'au soir,
	Avec un mal de tête étrange à concevoir.
ORGON.	— Et Tartuffe?
DORINE.	— Tartuffe? Il se porte à merveille,
	Gros et gras, le teint frais et la bouche vermeille.
ORGON.	235 Le pauvre homme[2]!
DORINE.	— Le soir elle eut un grand dégoû
	Et ne put au souper toucher à rien du tout,
	Tant sa douleur de tête était encor cruelle.
ORGON.	— Et Tartuffe[3]?
DORINE.	— Il soupa, lui tout seul, devant elle,
	Et fort dévotement il mangea deux perdrix
	240 Avec une moitié de gigot en hachis.
ORGON.	— Le pauvre homme!
DORINE.	— La nuit se passa tout entière
	Sans qu'elle pût fermer un moment la paupière;
	Des chaleurs l'empêchaient de pouvoir sommeiller,
	Et jusqu'au jour près d'elle il nous fallut veiller.
ORGON.	245 Et Tartuffe?
DORINE.	— Pressé[4] d'un sommeil agréable,
	Il passa dans sa chambre au sortir de la table
	Et dans son lit bien chaud il se mit tout soudain[5]
	Où sans trouble il dormit jusques au lendemain.
ORGON.	— Le pauvre homme!
DORINE.	— A la fin, par nos raisons gagnée,
	250 Elle se résolut à souffrir la saignée[6],
	Et le soulagement suivit tout aussitôt.
ORGON.	— Et Tartuffe?
DORINE.	— Il reprit courage comme il faut,
	Et, contre tous les maux fortifiant son âme,
	Pour réparer le sang qu'avait perdu Madame,
	255 But à son déjeuner quatre grands coups de vin.
ORGON.	— Le pauvre homme!
DORINE.	— Tous deux se portent bien enfin;
	Et je vais à Madame annoncer par avance
	La part que vous prenez à sa convalescence.

---

1. *Hier :* une syllabe. — 2. Selon l'abbé d'Olivet, c'est Louis XIV qui aurait prononcé ce mot à propos d'Hardouin de Péréfixe, archevêque de Paris. Selon Tallemant des Réaux (éd. Adam, I, p. 295-296), il aurait été dit par des provinciaux en visite à la Cour, au sujet du P. Joseph. — 3. Bergson note (*Le Rire*, p. 56), à propos de cette réplique : on a « la sensation très nette d'un ressort qui part. C'est ce ressort que Dorine s'amuse à repousser en reprenant chaque fois le récit de la maladie d'Elmire ». — 4. Accablé; l'antithèse souligne l'ironie. — 5. Tout d'un coup (ironique). — 6. Grand remède, à l'époque, avec le clystère.

SCÈNE V. — ORGON, CLÉANTE.

CLÉANTE.

— A votre nez, mon frère, elle se rit de vous;
260 Et, sans avoir dessein de vous mettre en courroux,
Je vous dirai tout franc que c'est avec justice.
A-t-on jamais parlé d'un semblable caprice?
Et se peut-il qu'un homme ait un charme[1] aujour-
[d'hui
A vous faire oublier toutes choses pour lui?
265 Qu'après avoir[2] chez vous réparé sa misère,
Vous en veniez au point...

---

1. Pouvoir magique. — 2. Après qu'il a.

- **La scène 4**
  ① Comment a-t-elle été préparée? Étudiez l'art avec lequel Molière lie les scènes. Montrez le contraste des scènes 3 et 4.
- **Le vrai Tartuffe** révélé par Dorine : l'épicurien, sensuel et jouisseur. « Tout cela le fait connoître [Panulphe]... pour un homme très sensuel et fort gourmand, ainsi que le sont la plupart des bigots » (*Lettre sur l'Imposteur*). Effet comique produit par le « double visage » de Tartuffe : le dévot, l'homme « de chair ». Même contradiction intime chez Alceste, le misanthrope amoureux de Célimène.
- **L'idée fixe d'Orgon :** comment se manifeste-t-elle? « Du mécanique plaqué sur du vivant » (Bergson, *le Rire*).
  ② En quoi Orgon est-il odieux? En quoi est-il ridicule? Cherchez d'autres personnages de Molière chez lesquels une idée fixe aboutit à une monstruosité morale, et « frôle » la tragédie.
- **L'ironie de Dorine**
  ③ Pourquoi est-elle sensible au public, alors qu'elle échappe à Orgon? Comment se traduit-elle?
- **Le comique** — *a)* De contraste : les « deux Tartuffes » — La santé de Tartuffe et celle d'Elmire : intérêt témoigné par Orgon à l'une et à l'autre — *b)* Comique de répétition : *Et Tartuffe? Le pauvre homme!*
  ④ Cherchez d'autres exemples de ce dernier comique dans *les Fourberies de Scapin*, *l'Avare*, etc.
- **Les caractères** — L'aveuglement d'ORGON. L'auteur de la *Lettre sur l'Imposteur* justifie l'outrance du personnage : son entêtement « est nécessaire afin que le changement qui se fera dans lui quand il sera désabusé [...] paroisse d'autant plus merveilleux au spectateur ».
- **Le mouvement de la scène** — ⑤ Comment le dialogue traduit-il l'idée fixe d'Orgon et son impatience? Imaginez la mimique de Cléante, témoin à la fois indigné et amusé.

ORGON.   —   Halte[1]-là, mon beau-frère;
Vous ne connaissez pas celui dont vous parlez.

CLÉANTE. — Je ne le connais pas, puisque vous le voulez;
Mais enfin, pour savoir quel homme ce peut être..

ORGON.   -270 Mon frère, vous seriez charmé de le connaître,
Et vos ravissements ne prendraient point de fin.
C'est un homme... qui... ha!... un homme... ur
                        [homme enfin[2].
Qui suit bien ses leçons, goûte une paix profonde,
Et comme du fumier[3] regarde tout le monde.
275 Oui, je deviens tout autre avec son entretien :
Il m'enseigne à n'avoir affection pour rien,
De toutes amitiés[4] il détache mon âme,
Et je verrais mourir frère, enfants, mère et femme,
Que je m'en soucierais autant que de cela[5].

CLÉANTE. -280 Les sentiments humains, mon frère, que voilà !

ORGON.   — Ah ! si vous aviez vu comme j'en fis rencontre,
Vous auriez pris pour lui l'amitié que je montre.
Chaque jour à l'église il venait, d'un air doux,
Tout vis-à-vis de moi se mettre à deux genoux.
285 Il attirait les yeux de l'assemblée entière
Par l'ardeur dont au Ciel il poussait sa prière;
Il faisait des soupirs, de grands élancements[6],
Et baisait humblement la terre à tous moments;
Et, lorsque je sortais, il me devançait vite
290 Pour m'aller à la porte offrir de l'eau bénite.
Instruit par son garçon, qui dans tout l'imitait,
Et de son indigence et de ce qu'il était,
Je lui faisais des dons; mais, avec modestie[7],
Il me voulait toujours en rendre une partie.
295 « C'est trop, me disait-il, c'est trop de la moitié[8];
Je ne mérite pas de vous faire pitié. »

---

1. Orthographe modernisée, pour *alte*, orthographe du xviiᵉ s. — 2. Orgon, « voulant exalter son Panulphe [Tartuffe], commence à dire que c'est *un homme*, de sorte qu'il semble qu'il aille faire un long démembrement de ses bonnes qualités... Ce qui paraît en ce que l'homme même qui est infatué de celui-ci ne sait que dire pour le louer; l'autre est un beau jeu du sens de ces mots : *C'est un homme*, qui concluent très véritablement que Panulphe est extrêmement un homme, c'est-à-dire un fourbe, un méchant, un traître et un animal très pervers, dans le langage de l'ancienne comédie » (*Lettre sur l'Imposteur*). — 3. Voir l'*Imitation de J.-C. :* « Toutes les choses terrestres, il les regarde *comme du fumier*. » — 4. Affections. — 5. Geste de mépris. — 6. « Élans de l'âme vers Dieu » (*Dict. de l'Acad.*, 1694). — 7. Modération, retenue. — 8. Vous m'en donnez deux fois trop.

Et, quand je refusais de le vouloir reprendre,
Aux pauvres, à mes yeux, il allait le répandre.
Enfin le Ciel chez moi me le fit retirer,
300 Et, depuis ce temps-là, tout semble y prospérer.
Je vois qu'il reprend tout, et qu'à ma femme même
Il prend, pour mon honneur, un intérêt extrême;
Il m'avertit des gens qui lui font les yeux doux [1],
Et plus que moi six fois il s'en montre jaloux.
305 Mais vous ne croiriez point jusqu'où monte son
[zèle [2] :
Il s'impute à péché la moindre bagatelle;
Un rien presque suffit pour le scandaliser,
Jusque-là qu'il se vint l'autre jour accuser
D'avoir pris une puce, en faisant sa prière,
310 Et de l'avoir tuée avec trop de colère [3].

CLÉANTE. — Parbleu! vous êtes fou, mon frère, que [4] je croi [5].
Avec de tels discours vous moquez-vous de moi?
Et que prétendez-vous que tout ce badinage [6]...

---

1. Allusion possible aux « Confrères du T. S. Sacrement » (voir p. 4). — 2. Ferveur religieuse. — 3. Saint Macaire jeûna six mois, nu, dans le désert, pour avoir tué *une puce*. — 4. Comme. — 5. Ancienne orthographe étymologique, souvent employée dans la langue classique pour les besoins de la rime. — 6. Cette comédie ridicule : le *badin* était le type du niais dans les farces.

● **Les caractères** — TARTUFFE, vu par Orgon : en quoi ce portrait s'oppose-t-il à celui que Dorine a fait de l'hypocrite, à la scène 1? Comment les deux portraits se complètent-ils? Quelles indications nouvelles Orgon nous apporte-t-il sur le caractère et sur le passé de l' « imposteur »? — Notez l'importance, pour l'action, des vers 301-302, qui confirment les soupçons de Dorine (v. 84).
ORGON, le bigot ridicule : son admiration béate pour Tartuffe; le mari aveugle, et bientôt complaisant : v. 301-302.

● **La satire religieuse**
Molière a-t-il voulu ridiculiser, chez Orgon, la piété, ou seulement la fausse dévotion? Voir à ce sujet les explications de l'auteur lui-même (préface, placets), et la *Lettre sur l'Imposteur* : « C'est ici que commence le caractère le plus étrange et le plus plaisant des *bigots*.»
① En quoi le caractère d'Orgon justifie-t-il cette remarque?

● **La peinture des mœurs :** l'hypocrisie dévote.
Comme les « Confrères », Tartuffe pratique à la fois la charité « chrétienne » et la délation (voir la n. 1).

ORGON. — Mon frère, ce discours sent le libertinage [1].
315 Vous en êtes un peu dans votre âme entiché [2]
Et, comme je vous l'ai plus de dix fois prêché,
Vous vous attirerez quelque méchante affaire.

CLÉANTE. — Voilà de vos pareils le discours ordinaire.
Ils veulent que chacun soit aveugle comme eux.
320 C'est être libertin que d'avoir de bons yeux,
Et qui n'adore pas de vaines simagrées [3]
N'a ni respect ni foi pour les choses sacrées.
Allez, tous vos discours ne me font point de peur
Je sais comme je parle, et le Ciel voit mon cœur.
325 De tous vos façonniers [4] on n'est point les esclaves
Il est de faux dévots ainsi que de faux braves;
Et, comme on ne voit pas qu'où l'honneur les condui
Les vrais braves soient ceux qui font beaucoup d[e]
[bruit
Les bons et vrais dévots, qu'on doit suivre à l[a]
[trace [5]
330 Ne sont pas ceux aussi [6] qui font tant de grimace [7]
Hé quoi! vous ne ferez nulle distinction
Entre l'hypocrisie et la dévotion?
Vous les voulez traiter d'[8] un semblable langage,
Et rendre même honneur au masque qu'au visage
335 Égaler l'artifice à la sincérité,
Confondre l'apparence avec la vérité,
Estimer le fantôme autant que la personne,
Et la fausse monnaie à l'égal de la bonne?
Les hommes, la plupart, sont étrangement faits!
340 Dans la juste nature on ne les voit jamais;
La raison a pour eux des bornes trop petites [9];
En chaque caractère ils passent ses limites [10],
Et la plus noble chose, ils la gâtent souvent
Pour la vouloir outrer et pousser trop avant.
345 Que cela vous soit dit en passant, mon beau-frère

ORGON. — Oui, vous êtes, sans doute, un docteur qu'on révère
Tout le savoir du monde est chez vous retiré;
Vous êtes le seul sage et le seul éclairé,

---

1. L'incrédulité, l'impiété (*Dict. de l'Acad.*, 1694). — 2. Moralement corrompu; variant[e]
d'*entaché*, que Vaugelas condamnait; les deux mots étaient constamment confondus au XVIIᵉ s[iècle]
— 3. Des attitudes affectées, des singeries. — 4. Faiseurs de *façons*, grimaciers. — 5. Dont o[n]
doit suivre fidèlement l'exemple (au propre : terme de vénerie). — 6. Non plus. — 7. A[u]
singulier : feinte, hypocrisie. — 8. Avec. — 9. Trop étroites. — 10. *Les limites* de la raison

Un oracle, un Caton [1], dans le siècle où nous sommes ;
350 Et, près de vous, ce sont des sots que tous les
[hommes.

CLÉANTE. — Je ne suis point, mon frère, un docteur révéré,
Et le savoir chez moi n'est pas tout retiré.
Mais, en un mot, je sais, pour toute ma science,
Du faux avec le vrai faire la différence [2].
355 Et, comme je ne vois nul genre de héros [3]
Qui soient plus à priser que les parfaits dévots,
Aucune chose au monde et plus noble et plus belle
Que la sainte ferveur d'un véritable zèle [4],
Aussi ne vois-je rien qui soit plus odieux
360 Que le dehors plâtré d'un zèle spécieux,
Que ces francs charlatans, que ces dévots de place [5],
De qui la sacrilège et trompeuse grimace
Abuse impunément et se joue à leur gré
De ce qu'ont les mortels de plus saint et sacré ;
365 Ces gens qui, par une âme à l'intérêt soumise,
Font de dévotion métier et marchandise,
Et veulent acheter crédit et dignités
A prix [6] de faux clins [7] d'yeux et d'élans affectés ;
Ces gens, dis-je, qu'on voit d'une ardeur non com-
[mune
370 Par le chemin du Ciel courir à leur fortune ;
Qui, brûlants [8] et priants, demandent [9] chaque jour
Et prêchent la retraite au milieu de la cour ;
Qui savent ajuster leur zèle avec leurs vices,
Sont prompts, vindicatifs, sans foi [10], pleins d'arti-
[fices,
375 Et, pour perdre quelqu'un, couvrent insolemment
De l'intérêt du Ciel leur fier [11] ressentiment ;
D'autant plus dangereux dans leur âpre colère
Qu'ils prennent contre nous des armes qu'on révère,

---

1. *Caton* d'Utique, dont la sagesse et la vertu étaient proverbiales. — 2. Cf. Descartes (*Discours de la Méthode*) : «... la puissance de bien juger et de distinguer le vrai d'avec le faux, qui est proprement ce qu'on nomme le bon sens ou la raison ». — 3. « Hommes supérieurs [...] se dit aussi quelquefois pour un homme qui excelle en quelque vertu [...] : c'est un héros en piété » (*Dict. de l'Acad.*, 1694). — 4. Voir p. 39, n. 2. — 5. Qui s'affichent sur la *place* publique. On disait plutôt en ce sens : « place marchande », pour désigner « un lieu où l'on ne peut manquer d'être vu » (*Dict.* de Furetière, 1690). — 6. Au prix. — 7. Au singulier, dans l'édition de 1682. Action de cligner. — 8. *Brûlant* d'ardeur dévote. Au XVIIe s., le participe présent pouvait prendre la marque du féminin et du pluriel : cf. La Fontaine, *Fables*, I, 5, v. 25. L'invariabilité du participe actif ne fut décrétée par l'Académie qu'en 1679. — 9. Sollicitent. — 10. Loyauté (lat. *fides*). — 11. Farouche (lat. *ferus*).

Et que leur passion, dont on leur sait bon gré,
380 Veut nous assassiner avec un fer sacré.
De ce faux caractère on en voit trop paraître[1];
Mais les dévots de cœur[2] sont aisés à connaître.
Notre siècle, mon frère, en expose à nos yeux
Qui peuvent nous servir d'exemples glorieux.
385 Regardez Ariston, regardez Périandre,
Oronte, Alcidamas, Polydore, Clitandre :
Ce titre par aucun ne leur est débattu[3].
Ce ne sont point du tout fanfarons de vertu;
On ne voit point en eux ce faste[4] insupportable,
390 Et leur dévotion est humaine et traitable.
Ils ne censurent point toutes nos actions :
Ils trouvent trop d'orgueil dans ces corrections;
Et, laissant la fierté des paroles aux autres,
C'est par leurs actions qu'ils reprennent les nôtres.
395 L'apparence du mal a chez eux peu d'appui[5],
Et leur âme est portée à juger bien d'autrui.
Point de cabale[6] en eux, point d'intrigues à suivre[7];
On les voit, pour tous soins[8], se mêler de bien vivre.
Jamais contre un pécheur ils n'ont d'acharnement :
400 Ils attachent leur haine au péché seulement
Et ne veulent point prendre avec un zèle extrême
Les intérêts du Ciel plus qu'il ne veut lui-même.
Voilà mes gens[9], voilà comme il en faut user,
Voilà l'exemple enfin qu'il se faut proposer.
405 Votre homme, à dire vrai, n'est pas de ce modèle;
C'est de fort bonne foi que vous vantez son zèle,
Mais par un faux éclat je vous crois ébloui.

ORGON.   — Monsieur mon cher beau-frère, avez-vous tout dit?

CLÉANTE.   —   Oui.

ORGON.   — Je suis votre valet[10].

                    (Il veut s'en aller.)

CLÉANTE.   —   De grâce, un mot, mon frère.
410 Laissons là ce discours. Vous savez que Valère
Pour être votre gendre a parole de vous?

---

1. *On voit paraître* trop de gens dont le *caractère* présente cette fausseté. — 2. Du fond du cœur, sincères. — 3. Contesté. — 4. Cet orgueil (lat. *fastus*, hauteur dédaigneuse, morgue). — 5. De crédit. — 6. Allusion à la « cabale des dévots » : voir p. 4. — 7. Qu'ils cherchent *à suivre*. — 8. Soucis. — 9. Ceux que j'approuve, qui me plaisent, cf. : « vous êtes mon homme ». — 10. Formule pour prendre congé. Orgon reste sourd aux arguments de Cléante et laisse entendre qu'il ne l'a écouté que par politesse.

ORGON.	—	Oui.
CLÉANTE.	—	Vous aviez pris jour pour un lien si doux.
ORGON.	—	Il est vrai.
CLÉANTE.	—	Pourquoi donc en différer la fête?
ORGON.	—	Je ne sais.
CLÉANTE.	—	Auriez-vous autre pensée en tête?
ORGON.	[415]	Peut-être.
CLÉANTE.	—	Vous voulez manquer à votre foi[1]?
ORGON.	—	Je ne dis pas cela.
CLÉANTE.	—	Nul obstacle, je croi[2],

Ne vous peut empêcher d'accomplir vos promesses.

ORGON.	—	Selon[3].
CLÉANTE.	—	Pour dire un mot faut-il tant de finesses[4]?

Valère sur ce point me fait vous visiter.

ORGON.	[420]	Le Ciel en soit loué!
CLÉANTE.	—	Mais que lui reporter?
ORGON.	—	Tout ce qu'il vous plaira.
CLÉANTE.	—	Mais il est nécessaire

De savoir vos desseins. Quels sont-ils donc?

ORGON.	—	De faire

Ce que le Ciel voudra.

CLÉANTE.	—	Mais parlons tout de bon.

Valère a votre foi[5]; la tiendrez-vous, ou non?

ORGON.	[425]	Adieu.
CLÉANTE, *seul*.	—	Pour son amour je crains une disgrâce,

Et je dois l'avertir de tout ce qui se passe.

---

1. Votre parole. — 2. Voir p. 39, n. 5. — 3. C'est selon. — 4. Détours, mystères. — 5. Voir la n. 1.

- **La vraie et la fausse dévotion** — Thème des deux tirades de Cléante, additions probables du TARTUFFE de 1667; Molière semble bien avoir voulu répondre ici aux attaques de la cabale (voir p. 6).
  ① Montrez l'accumulation des traits destinés à distinguer la fausse dévotion de la vraie.
- **La satire sociale** — ② Comparez les « modèles » de Cléante aux portraits faits par Célimène dans *le Misanthrope* (II, 4).
- **Les caractères** — CLÉANTE, « l'honnête homme ».
  ③ Comparez-le à Philinte (dans *le Misanthrope*) et montrez comment l'un et l'autre s'opposent à des « fanatiques » (Orgon, Alceste).
  ORGON : son entêtement, sa mauvaise foi, sa sottise.
- **Le style** — ④ Comparez l'éloquence indignée de Cléante à celle de Pascal, dans *les Provinciales*.

43

Roger Planchon (TARTUFFE) et Nelly Borgeaud (ELMIRE)
dans une mise en scène de Roger Planchon
au théâtre de la Porte Saint-Martin, juin 1977

Au mur : fragments de fresque représentant des images du
massacre des Saints-Innocents.
Sur la gauche : statue équestre du Roi Soleil, déjà posée mais
voilée.

ORGON.	— Comment?

MARIANE. —
> Qui voulez-vous, mon père, que je dise
> Qui me touche le cœur, et qu'il me serait doux
> De voir par votre choix devenir mon époux?

ORGON. — Tartuffe.

MARIANE. —
> Il n'en est rien, mon père, je vous jure.
> 450 Pourquoi me faire dire une telle imposture?

ORGON. —
> Mais je veux que cela soit une vérité;
> Et c'est assez pour vous que je l'aie arrêté.

MARIANE. — Quoi! vous voulez, mon père...

ORGON. —
> Oui, je prétends, ma fille,
> Unir par votre hymen Tartuffe à ma famille.
> 455 Il sera votre époux, j'ai résolu cela;
> Et comme sur vos vœux je...

● **La situation** — Une scène où le comique frôle la tragédie.

① Comparez-la à la scène 4 du premier acte de *l'Avare* : comme Harpagon, Orgon sacrifie le bonheur de sa fille à son intérêt personnel. Mais il s'agit, pour le premier, d'un intérêt matériel, et, pour le second, d'un intérêt spirituel. Orgon veut assurer son propre salut en donnant Mariane à un *saint homme* : cf. *Lettre sur l'Imposteur.*

● **Le mouvement de la scène**

② Quelles précautions Orgon prend-il (vers 433) pour préparer Mariane à une révélation dont il prévoit aisément l'effet?

● **Les caractères** — ORGON : comment se manifestent son égoïsme et son autorité despotique? En quoi est-il ici plus odieux que ridicule? MARIANE, timide et touchante?

③ Comparez son attitude à l'égard de son père à celle d'Élise envers Harpagon.

● **La peinture des mœurs** — Au XVIIe siècle, le père avait sur ses enfants une autorité absolue.

④ Cherchez-en des exemples dans d'autres comédies de Molière.

● **La morale** — Molière aime à prendre la défense des enfants opprimés par leurs parents, et les droits de l'amour contre l'intérêt (voir *l'École des femmes*, *l'Avare*, *le Bourgeois gentilhomme*). C'était d'ailleurs un thème courant au XVIIe siècle : on le retrouve, notamment, dans un roman d'André Mareschal, *la Chrysolite* (1627).

● **Le comique** — Comment Molière parvient-il à détendre l'atmosphère, malgré le caractère pénible de la situation? Étudiez en particulier, à ce point de vue, les jeux de scène (vers 428 et 456), la mimique d'Orgon et d'Élise.

● **L'intérêt dramatique**

⑤ Quels rebondissements la décision d'Orgon nous laisse-t-elle prévoir? La lutte est maintenant engagée entre « le clan des dévots » et la coalition familiale.

Scène II. — DORINE, ORGON, MARIANE.

ORGON, *apercevant Dorine.* —   Que faites-vous là [1] ?
La curiosité qui vous presse est bien forte,
Mamie [2], à nous venir écouter de la sorte.

DORINE.   — Vraiment, je ne sais pas si c'est un bruit qui part
460   De quelque conjecture [3] ou d'un coup de hasard ;
Mais de ce mariage on m'a dit la nouvelle,
Et j'ai traité cela de pure bagatelle.

ORGON.   — Quoi donc ! la chose est-elle incroyable ?

DORINE.   —   A tel point
Que vous-même, Monsieur, je ne vous en crois point.

ORGON.   465   Je sais bien le moyen de vous le faire croire.

DORINE.   — Oui, oui, vous nous contez une plaisante histoire.

ORGON.   — Je conte justement ce qu'on verra dans peu.

DORINE.   — Chansons !

ORGON.   —   Ce que je dis, ma fille, n'est point jeu.

DORINE.   — Allez, ne croyez point à [4] Monsieur votre père :
470   Il raille.

ORGON.   —   Je vous dis...

DORINE.   —   Non, vous avez beau faire,
On ne vous croira point.

ORGON.   —   A la fin, mon courroux...

DORINE.   — Hé bien ! on vous croit donc, et c'est tant pis pour
[vous.
Quoi ! se peut-il, Monsieur, qu'avec l'air d'homme
[sage
Et cette large barbe au milieu du visage,
475   Vous soyez assez fou pour vouloir...

ORGON.   —   Écoutez :
Vous avez pris céans certaines privautés
Qui ne me plaisent point ; je vous le dis, mamie.

DORINE.   — Parlons sans nous fâcher, Monsieur, je vous supplie.

---

1. Orgon s'est interrompu brusquement en apercevant Dorine qui est entrée subrepti-cement et encourage Mariane par signes. La phrase reste inachevée (voir p. 47), mais le sens est aisé à deviner : *comme sur* vous j'ai tout pouvoir, vous serez bien forcée de m'obéir. — 2. Mon amie (ma amie) « terme de tendresse, qui est dans l'usage du peuple et dont les maris se servent en parlant à leurs femmes » (*Dict. de l'Acad.*, 1694). « Il ne se dit guère qu'en parlant à des servantes » (*Dict.* de Richelet, 1680). « On avait dit réguliè-rement au moyen âge : *m'amie* pour *ma amie :* l'usage des ignorants a, depuis, séparé mala-droitement les mots [*ma mie*] » (Crouzet, *Gr. fr.*, 31). — 3. Supposition. Dorine veut dire : Je ne sais si ce bruit repose sur une supposition plus ou moins fondée, ou sur un bruit dénué de tout fondement. — 4. Au XVIIe s., le verbe *croire* pouvait se construire avec un régime indirect, même s'il désignait une personne : croire à quelqu'un.

Vous moquez-vous des gens d'avoir fait ce complot?
480 Votre fille n'est point l'affaire d'un bigot;
Il a d'autres emplois auxquels il faut qu'il pense.
Et puis, que vous apporte une telle alliance?
A quel sujet aller, avec tout votre bien,
Choisir un gendre gueux?...

ORGON. — Taisez-vous. S'il n'a rien,
485 Sachez que c'est par là qu'il faut qu'on le révère.
Sa misère est sans doute[1] une honnête misère;
Au-dessus des grandeurs elle doit l'élever,
Puisqu'enfin de son bien il s'est laissé priver
Par son trop peu de soin des choses temporelles
490 Et sa puissante attache[2] aux choses éternelles.
Mais mon secours pourra lui donner les moyens
De sortir d'embarras et rentrer dans ses biens.
Ce sont fiefs qu'à bon titre au pays[3] on renomme;
Et, tel que l'on le voit, il est bien gentilhomme.

DORINE. -495 Oui, c'est lui qui le dit, et cette vanité,
Monsieur, ne sied pas bien avec la piété.

---

1. *Sans* aucun *doute.* — 2. Son attachement. — 3. Dans son *pays,* sa province.

* **L'intervention de Dorine** — Effet comique produit par son entrée (voir p. 48, n. 1). Notez l'art avec lequel Molière fait succéder une scène comique à une scène pénible.
  ① Cherchez-en d'autres exemples dans son théâtre.

* **Le duel d'Orgon et de Dorine** — Quel changement se produit dans l'attitude de Dorine à partir du v. 472? Distinguez les deux arguments qu'elle fait valoir pour démontrer à Orgon que Tartuffe n'est pas un « parti » convenable pour Mariane (v. 478-484). Que nous apprend le second de ces arguments sur la condition sociale d'Orgon et sur celle de Tartuffe?
  ② Rapprochez la réflexion de Dorine aux v. 483-484 de ses propos sur Tartuffe dans les v. 61-66.

* **Les caractères** — ORGON, personnage « double ». « Voilà un grand bourgeois de Paris, qui a maison de ville et maison des champs, qui a été mazariniste et royaliste pendant la Fronde avec assez d'éclat pour se faire remarquer, qui est détenteur de papiers d'État. Ce grand bourgeois est autoritaire et porte très haut la tête et le ton dans sa famille. Et le même homme est un pur idiot aux mains de Tartuffe. Avec lui, il n'a plus non seulement d'autorité ni de volonté mais même de bon sens » (propos de l'acteur Lenoir, recueillis par É. Faguet, *Propos de Théâtre*, 2ᵉ série, p. 136-137). Autre contradiction entre le dévot, qui prétend (à l'instar des « Confrères » du T. Saint-Sacrement) mépriser les « choses temporelles » pour ne s'attacher qu'aux « choses spiri-tuelles », — et le grand bourgeois, attaché aux privilèges de la naissance.

Qui d'une sainte vie embrasse l'innocence
Ne doit point tant prôner son nom et sa naissance,
Et l'humble procédé[1] de la dévotion
500 Souffre mal les éclats de cette ambition.
A quoi bon cet orgueil?... Mais ce discours vous
[blesse :
Parlons de sa personne, et laissons sa noblesse.
Ferez-vous possesseur, sans quelque peu d'ennui[2],
D'une fille comme elle un homme comme lui[3]?
505 Et ne devez-vous pas songer aux bienséances
Et de cette union prévoir les conséquences?
Sachez que d'une fille on risque la vertu
Lorsque dans son hymen son goût est combattu;
Que le dessein d'y vivre en honnête personne
510 Dépend des qualités du mari qu'on lui donne,
Et que ceux dont partout on montre au doigt le front
Font leurs femmes souvent ce qu'on voit qu'elles sont.
Il est bien difficile enfin d'être fidèle
A de certains maris faits d'un certain modèle;
515 Et qui donne à sa fille un homme qu'elle hait
Est responsable au Ciel[4] des fautes qu'elle fait.
Songez à quels périls votre dessein vous livre.

ORGON.   — Je vous dis qu'il me faut apprendre d'elle à vivre !

DORINE.   — Vous n'en feriez que mieux de suivre mes leçons.

ORGON.   520 Ne nous amusons[5] point, ma fille, à ces chansons;
Je sais ce qu'il vous faut, et je suis votre père.
J'avais donné pour vous ma parole à Valère;
Mais, outre qu'à jouer on dit qu'il est enclin,
Je le soupçonne encor d'être un peu libertin[6];
525 Je ne remarque point qu'il hante les églises.

DORINE.   — Voulez-vous qu'il y coure à vos heures précises,
Comme ceux qui n'y vont que pour être aperçus?

ORGON.   — Je ne demande pas votre avis là-dessus.
Enfin avec le Ciel l'autre est le mieux du monde,

---

1. Au singulier : « Manière d'agir, conduite; son procédé n'a rien qui ne sente l'honnête homme » (*Dict. de* Richelet 1680). — 2. « Chagrin, déplaisir » (*Dict. de l'Acad.*, 1694). — 3. Dans *l'Imposteur* de 1667, cette tirade de Dorine (v. 503-517) était dite, au quatrième acte, par Cléante : c'est qui explique sans doute le ton sérieux et « moralisateur »; en prêtant à une « suivante » ces propos assez libres sur les dangers des mariages mal assortis, Molière a peut-être voulu en atténuer l'effet aux yeux des prudes. — 4. Devant le Ciel, devant Dieu; la préposition *à* avait, au XVIIe s., des emplois très étendus. — 5. Ne perdons point notre temps; cf. : muser, musarder. Orgon s'adresse à Mariane : jeu de scène. — 6. Impie, libre penseur; « ne s'emploie guère qu'au substantif » (*Acad.*, 1694).

530 Et c'est une richesse à nulle autre seconde.
Cet hymen de tous biens comblera vos désirs,
Il sera tout confit[1] en douceurs et plaisirs.
Ensemble vous vivrez, dans vos ardeurs fidèles,
Comme deux vrais enfants, comme deux tourte-
[relles ;
535 A nul fâcheux débat jamais vous n'en viendrez,
Et vous ferez de lui tout ce que vous voudrez.

DORINE. — Elle ? Elle n'en fera qu'un sot[2], je vous assure.

ORGON. — Ouais ! quels discours !

DORINE. —   Je dis qu'il en a l'encolure,
Et que son ascendant[3], Monsieur, l'emportera
540 Sur toute la vertu que votre fille aura.

ORGON. — Cessez de m'interrompre, et songez à vous taire,
Sans mettre votre nez où vous n'avez que faire.

---

1. Pénétré, imprégné de ; on dit encore : confit en dévotion. — 2. Un mari trompé. — 3. Son aptitude à être trompé, en raison de l'astre sous lequel il est né : l'astre qui se trouvait en période ascendante au moment de la naissance d'un individu passait pour influer sur son destin. On dit encore : naître sous une bonne, sous une mauvaise étoile.

- **La tirade de Dorine** (v. 495-517) — Si l'on songe que, dans *l'Imposteur* de 1667, cette tirade était dite par Cléante, elle semble bien exprimer les intentions de Molière. Deux idées à relever : *a)* la distinction de la vraie et de la fausse dévotion : voir La Bruyère, *Caractères*, XIII, 24 ; *b)* le danger des mariages mal assortis (voir *l'École des femmes*).

- **Les deux visages d'Orgon : le chef de famille**
  ① Comparez-le à Harpagon et à M. Jourdain.
  Le bigot ridicule ne conçoit le bonheur que dans l'ordre « spirituel ». Son aveuglement à l'égard de l'hypocrite étouffe en lui tout autre sentiment. C'est « un fou et un imbécile [...] chez qui tout sens critique a été aboli [...] et qui est à la merci du premier escroc venu, si celui-ci sait le prendre par son faible » (Van Tieghem, *Hist. de la littér. fr.*, p. 164-165).

- **La querelle d'Orgon et de Dorine**
  ② Pourquoi les arguments de celle-ci n'ont-ils aucune prise sur celui-là ?
  ③ Pourquoi Mariane garde-t-elle le silence ?

- **La satire des mœurs.**
  Au XVIIe siècle, le père pouvait envoyer à la Bastille le fils, ou au couvent la fille qui refusait d'obéir à sa volonté Le roi avait sans doute droit de veto, mais il était rare qu'il en usât.

- **Le comique** ④ Comment, malgré le caractère pénible de la situation, Molière a-t-il maintenu le ton de la comédie ?

DORINE.	— Je n'en parle, Monsieur, que pour votre intérêt.

(Elle l'interrompt toujours au moment qu'il se retourne pour parler à sa fille.)

ORGON.	— C'est prendre trop de soin; taisez-vous, s'il vous plaît.
DORINE.	⁵⁴⁵ Si l'on ne vous aimait...
ORGON.	— Je ne veux pas qu'on m'aime.
DORINE.	— Et je veux vous aimer, Monsieur, malgré vous-même.
ORGON.	— Ah !
DORINE.	— Votre honneur m'est cher, et je ne puis souffrir

Qu'aux brocards d'un chacun vous alliez vous offrir.

ORGON.	— Vous ne vous tairez point ?
DORINE.	— C'est une conscience [1]

⁵⁵⁰ Que de vous laisser faire une telle alliance.

ORGON.	— Te tairas-tu, serpent, dont les traits effrontés...
DORINE.	— Ah ! vous êtes dévot, et vous vous emportez !
ORGON.	— Oui, ma bile s'échauffe à toutes ces fadaises,

Et tout résolument je veux que tu te taises.

DORINE.	⁵⁵⁵ Soit. Mais, ne disant mot, je n'en pense pas moins.
ORGON.	— Pense, si tu le veux; mais applique tes soins

A ne m'en point parler ou... Suffit.

(Se retournant vers sa fille.)

Comme sage.

J'ai pesé mûrement toutes choses.

DORINE, *à part.*	— J'enrage

De ne pouvoir parler.

(Elle se tait lorsqu'il tourne la tête.)

ORGON.	— Sans être damoiseau [2],

⁵⁶⁰ Tartuffe est fait de sorte...

DORINE, *à part.*	— Oui, c'est un beau museau !
ORGON.	— Que, quand tu n'aurais même aucune sympathie

Pour tous les autres dons...

DORINE, *à part.*	— La voilà bien lotie !

(Orgon se tourne du côté de Dorine; et, les bras croisés, l'écoute et la regarde en face.)

Si j'étais en sa place, un homme, assurément
Ne m'épouserait pas de force impunément;
⁵⁶⁵ Et je lui ferais voir bientôt après la fête
Qu'une femme a toujours une vengeance prête.

---

1. Un cas de *conscience.* — 2. Petit maître, petit freluquet; « aujourd'hui [...] ne se dit qu'en riant et marque un jeune homme beau mais un peu efféminé » (*Dict.* de Richelet, 1680).

- **Le caractère de Dorine** — Elle est franche et dit son fait à Orgon; courageuse, elle ne cède pas à la menace (v. 579); intelligente et fine, elle sait toucher Orgon au point sensible (v. 552); elle joue avec lui comme le chat avec la souris. Sa franchise frôle parfois l'impertinence. Mais elle est sincèrement attachée à son maître et veut l'*aimer malgré lui-même* (v. 546). Fille du peuple, elle a le bon sens populaire, la belle humeur, l'esprit « gaulois » des gens de sa condition.

- **Orgon** apparaît d'autant plus pitoyable et ridicule qu'en face de cette simple servante au franc parler et à l'ironie mordante, il se trouve désarmé... Percé à jour par Dorine, il en est réduit à reconnaître ses propres faiblesses et à jeter le masque du dévot pour se montrer tel qu'il est réellement : violent et obstiné. Mais cet homme autoritaire, qui voudrait parler en maître, n'est au fond qu'un faible, et la violence n'est chez lui qu'un moyen de dissimuler son embarras (v. 572).

- **Mariane** garde le silence pendant toute la scène : mais on peut imaginer sa mimique expressive, tour à tour sérieuse (quand son père lui adresse la parole) et amusée ou complice (chaque fois que Dorine « marque un point »).

- **La satire des mœurs** — Place de Dorine dans la galerie des « domestiques » de Molière : ce sont souvent les valets et les servantes qui représentent le bon sens en face de maîtres ridicules : voir, par exemple, Martine en présence de Chrysale dans *les Femmes savantes*. Mais Dorine n'est pas une vraie servante : elle est la « suivante » (c'est-à-dire la gouvernante) de Mariane, et ce sont les intérêts de sa maîtresse qu'elle défend. Elle doit être depuis longtemps au service d'Orgon : ce qui explique, en partie, sa liberté de langage : elle fait, en quelque sorte, partie de la famille.

- **Le comique de caractère :** Orgon, le « dévot bilieux »; la franche gaieté de Dorine. **Comique de situation :** les rôles sont renversés, c'est le maître qui est ridicule et la servante qui a « le beau rôle ». **Comique de mots :** les outrances verbales d'Orgon, les saillies et l'ironie de Dorine.

  ① Relevez, dans ses propos, les expressions familières ou populaires.

Comique de farce

② Étudiez les jeux de scène et notez avec quelle précision Molière les a indiqués lui-même, en acteur accompli qu'il était. « Il [Molière] fait toujours dominer l'impression comique, chargeant [...] Dorine de jeter sa belle humeur à travers les scènes pitoyables du *Tartuffe* » (D. Mornet, *la Dissertation française*.)

- **Le style**

  ③ Étudiez les changements de ton et de rythme du dialogue, l'alternance des tirades et de la « stichomythie » (répliques brèves, vers par vers ou hémistiche par hémistiche), les interruptions, les apartés, l'adaptation du langage aux caractères et aux sentiments.

ORGON, *à Dorine.* — Donc, de ce que je dis[1] on ne fera nul cas ?

DORINE. — De quoi vous plaignez-vous ? Je ne vous parle pas.

ORGON. — Qu'est-ce que tu fais donc ?

DORINE. —   Je me parle à moi-même.

ORGON. 570 Fort bien. *(A part.)* Pour châtier son insolence
[extrême,

Il faut que je lui donne un revers de ma main[2].
*(Il se met en posture de lui donner un soufflet ;
et Dorine, à chaque coup d'œil qu'il jette, se tient
droite sans parler.)*

Ma fille, vous devez approuver mon dessein...
Croire que le mari... que j'ai su vous élire...[3]
(A Dorine.)
Que ne te parles-tu ?

DORINE. —   Je n'ai rien à me dire.

ORGON. 575 Encore un petit mot.

DORINE. —   Il ne me plaît pas, moi.

ORGON. — Certes, je t'y guettais.

DORINE. —   Quelque sotte[4], ma foi !

ORGON. — Enfin, ma fille, il faut payer d'obéissance[5],
Et montrer pour mon choix entière déférence.

DORINE, *en s'enfuyant.*

— Je me moquerais[6] fort de prendre un tel époux.
(Il lui veut donner un soufflet et la manque.)

ORGON. 580 Vous avez là, ma fille, une peste avec vous,
Avec qui sans péché je ne saurais plus vivre.
Je me sens hors d'état maintenant de poursuivre :
Ses discours insolents m'ont mis l'esprit en feu,
Et je vais prendre l'air pour me rasseoir[7] un peu.

Scène III. — DORINE, MARIANE.

DORINE. 585 Avez-vous donc perdu, dites-moi, la parole,
Et faut-il qu'en ceci je fasse[8] votre rôle ?
Souffrir qu'on vous propose un projet insensé,
Sans que du moindre mot vous l'ayez repoussé !

MARIANE. — Contre un père absolu que veux-tu que je fasse ?

DORINE. 590 Ce qu'il faut pour parer une telle menace.

---

1. De la défense qu'il lui a faite de parler. — 2. Coup donné avec le *revers de la main.*
— 3. Choisir. — 4. *Quelque sotte* aurait dit un petit mot, mais pas moi. — 5. Obéir ; on dit
encore : payer d'audace. — 6. *Je me moquerais* de moi-même si je prenais un tel époux. —
7. Me remettre dans mon *assiette,* me calmer. — 8. Je joue.

MARIANE. — Quoi?

DORINE. —   Lui dire qu'un cœur n'aime point par autrui;
Que vous vous mariez pour vous, non pas pour lui;
Qu'étant celle pour qui se fait toute l'affaire,
C'est à vous, non à lui, que le mari doit plaire;
595 Et que, si son Tartuffe est pour lui si charmant [1],
Il le peut épouser sans nul empêchement.

MARIANE. — Un père, je l'avoue, a sur nous tant d'empire
Que je n'ai jamais eu la force de rien dire.

DORINE. — Mais raisonnons. Valère a fait pour vous des pas [2] :
600 L'aimez-vous, je vous prie, ou ne l'aimez-vous pas?

MARIANE. — Ah! qu'envers mon amour ton injustice est grande,
Dorine! Me dois-tu faire cette demande?
T'ai-je pas là-dessus ouvert cent fois mon cœur,
Et sais-tu pas [3] pour lui jusqu'où va mon ardeur?

---

1. A pour lui tant d'attraits; voir p. 37, n. 1. — 2. Démarches : « ... allées et venues que l'on fait pour quelque affaire » (*Dict. de l'Acad.*, 1694). — 3. Ellipse usuelle de *ne*.

- **Dorine** — Sur quel ton s'adresse-t-elle à Mariane? Quels moyens, quels arguments emploie-t-elle pour la réconforter et l'encourager à la résistance?

  ① Montrez qu'elle se comporte non seulement comme une confidente mais comme une véritable mère : comment s'explique cette hardiesse, qui contraste avec la faiblesse d'Elmire à l'égard d'Orgon?

- **Mariane** — La jeune fille timide et réservée; sa pudeur sentimentale.

  ② Commentez à ce point de vue les vers 601 à 604.

- **La peinture des mœurs** — Rapports des parents et des enfants au XVIIe siècle; autorité absolue du père de famille (v. 597-598); rôle de la « suivante » auprès de la jeune fille, dans une maison de grands bourgeois comme celle d'Orgon; hiérarchie domestique dans une famille bourgeoise.

- **L'intérêt psychologique.** En quoi Dorine et Mariane diffèrent-elles dans leur conception de l'amour? Et comment leurs conditions respectives expliquent-elles ces divergences?

  ③ Étudiez, chez Mariane, le conflit de l'amour et de l'amour-propre (v. 625-626); en quoi, ici, Molière annonce-t-il Marivaux?

- **Contraste des langages :** celui de Mariane, choisi, élégant, avec une pointe de préciosité (relevez les termes de la « galanterie amoureuse »); celui de Dorine, « direct », familier, ironique.

  ④ Comment ce contraste des tons et des styles contribue-t-il à maintenir la gaieté, malgré l'enjeu du débat?

DORINE.	_605 Que sais-je si le cœur a parlé par la bouche,
	Et si c'est tout de bon que cet amant [1] vous touche
MARIANE.	— Tu me fais un grand tort, Dorine, d'en douter,
	Et mes vrais sentiments ont su trop éclater.
DORINE.	— Enfin, vous l'aimez donc?
MARIANE.	Oui, d'une ardeur extrême
DORINE.	_610 Et, selon l'apparence, il vous aime de même?
MARIANE.	— Je le crois.
DORINE.	Et tous deux brûlez également
	De vous voir mariés ensemble?
MARIANE.	Assurément.
DORINE.	— Sur cette autre union quelle est donc votre attente
MARIANE.	— De me donner la mort, si l'on me violente.
DORINE.	_615 Fort bien. C'est un recours où [2] je ne songeais pas
	Vous n'avez qu'à mourir pour sortir d'embarras.
	Le remède, sans doute, est merveilleux. J'enrage
	Lorsque j'entends tenir ces sortes de langage.
MARIANE.	— Mon Dieu, de quelle humeur, Dorine, tu te rends [3]
	620 Tu ne compatis point aux déplaisirs [4] des gens.
DORINE.	— Je ne compatis point à qui dit des sornettes,
	Et dans l'occasion [5] mollit comme vous faites.
MARIANE.	— Mais que veux-tu? si j'ai de la timidité...
DORINE.	— Mais l'amour dans un cœur veut de la fermeté.
MARIANE.	_625 Mais n'en gardé-je pas pour les feux [6] de Valère
	Et n'est-ce pas à lui de m'obtenir d'un père?
DORINE.	— Mais quoi! si votre père est un bourru [7] fieffé,
	Qui s'est de son Tartuffe entièrement coiffé [8]
	Et manque à l'union qu'il avait arrêtée,
	630 La faute à votre amant doit-elle être imputée,
MARIANE.	— Mais, par un haut refus et d'éclatants mépris,
	Ferai-je dans mon choix voir un cœur trop épris?
	Sortirai-je pour lui, quelque éclat dont il brille,
	De la pudeur du sexe et du devoir de fille?
	635 Et veux-tu que mes feux par le monde étalés...
DORINE.	— Non, non, je ne veux rien. Je vois que vous voulez
	Être à Monsieur Tartuffe, et j'aurais, quand j'y
	[pense
	Tort de vous détourner d'une telle alliance.

---

1. Prétendant, fiancé. — 2. Auquel. — 3. Tu deviens. — 4. Chagrins. — 5. Circonstance importante, parfois critique (terme militaire). — 6. « Se dit poétiquement pour signifier la passion de l'amour » (*Dict. de l'Acad.*, 1694). — 7. Fantasque, extravagant. — 8. Entiché, voir le v. 178 et la n. 2.

Quelle raison aurais-je à combattre vos vœux ?
640 Le parti, de soi-même, est fort avantageux.
Monsieur Tartuffe ! Oh ! oh ! n'est-ce rien qu'on pro-
[pose ?
Certes Monsieur Tartuffe, à bien prendre la chose,
N'est pas un homme, non, qui se mouche du pié[1],
Et ce n'est pas peu d'heur que d'être sa moitié.
645 Tout le monde déjà de gloire le couronne ;
Il est noble chez lui[2], bien fait de sa personne ;
Il a l'oreille rouge et le teint bien fleuri[3] :
Vous vivrez trop contente avec un tel mari.

MARIANE.　　— Mon Dieu !...

DORINE.　　—　　　Quelle allégresse aurez-vous dans votre
[âme,
650 Quand d'un époux si beau vous vous verrez la femme !

MARIANE.　　— Ah ! cesse, je te prie, un semblable discours,
Et contre cet hymen ouvre-moi[4] du secours.
C'en est fait, je me rends et suis prête à tout faire.

DORINE.　　— Non, il faut qu'une fille obéisse à son père,
655 Voulût-il lui donner un singe pour époux.
Votre sort est fort beau, de quoi vous plaignez-
[vous ?
Vous irez par le coche en sa petite ville,
Qu'en oncles et cousins vous trouverez fertile,
Et vous vous plairez fort à les entretenir.
660 D'abord chez le beau monde on vous fera venir ;
Vous irez visiter, pour votre bienvenue,
Madame la baillive et Madame l'élue[5],
Qui d'un siège pliant[6] vous feront honorer.
Là, dans le carnaval, vous pourrez espérer
665 Le bal et la grand-bande[7], à savoir deux musettes,
Et, parfois, Fagotin[8] et les marionnettes[9].

---

1. Orthographe archaïque : voir le v. 168. Allusion aux saltimbanques qui, pour montrer leur souplesse, se touchaient le nez avec leur pied. Dorine veut dire que Tartuffe n'a rien d'un saltimbanque, d'un plaisantin, mais qu'il est un homme sérieux et grave (ironique). — 2. Dans son pays : voir le v. 493. — 3. Voir le v. 234. — 4. Procure-moi. — 5. Femmes de magistrats provinciaux : le *bailli* rendait la justice dans un district ; l'*élu* (primitivement, *élu* par les États-Généraux) jugeait, en première instance, de certaines affaires d'impôts. — 6. *Siège* destiné aux personnes de basse condition : au XVIIᵉ s., le siège, comme le costume, indiquait la condition sociale ; on utilisait, par ordre de préséance : le pliant, le tabouret, le perroquet, la chaise, le fauteuil (réservé aux personnages de haute condition). — 7. Orchestre des vingt-quatre violons de la Chambre du Roi. Ironique, puisque l'orchestre ne se composera que de *deux musettes* (ou cornemuses). — 8. Singe savant, célèbre à l'époque ; il appartenait au montreur de marionnettes Brioché. — 9. Elles étaient déjà passées de mode vers 1660.

	Si pourtant votre époux...
MARIANE.	— Ah! tu me fais mourir.
	De tes conseils plutôt songe à me secourir.
DORINE.	— Je suis votre servante [1].
MARIANE.	— Eh! Dorine, de grâce...
DORINE.	— [670] Il faut, pour vous punir, que cette affaire passe.
MARIANE.	— Ma pauvre fille!
DORINE.	— Non.
MARIANE.	— Si mes vœux déclarés...
DORINE.	— Point. Tartuffe est votre homme, et vous en tâterez [2]
MARIANE.	— Tu sais qu'à toi toujours je me suis confiée;
	Fais-moi...
DORINE.	— Non. Vous serez, ma foi, tartuffiée [3].
MARIANE.	— [675] Hé bien! puisque mon sort ne saurait t'émouvoir
	Laisse-moi désormais toute à mon désespoir.
	C'est de lui que mon cœur empruntera de l'aide,
	Et je sais de mes maux l'infaillible remède.
	(Elle veut s'en aller.)
DORINE.	— Hé! là, là, revenez; je quitte [4] mon courroux.
	[680] Il faut, nonobstant [5] tout, avoir pitié de vous.
MARIANE.	— Vois-tu, si l'on m'expose à ce cruel martyre,
	Je te le dis, Dorine, il faudra que j'expire.
DORINE.	— Ne vous tourmentez point : on peut adroitement
	Empêcher... Mais voici Valère, votre amant [6].

SCÈNE IV. — VALÈRE, MARIANE, DORINE.

VALÈRE.	— [685] On vient de débiter, Madame [7], une nouvelle
	Que je ne savais pas, et qui sans doute est belle.
MARIANE.	— Quoi?
VALÈRE.	— Que vous épousez Tartuffe.
MARIANE.	— Il est certain
	Que mon père s'est mis en tête ce dessein.
VALÈRE.	— Votre père, Madame...
MARIANE.	— A changé de visée.
	[690] La chose vient par lui de m'être proposée.
VALÈRE.	— Quoi! sérieusement?
MARIANE.	— Oui, sérieusement;
	Il s'est pour cet hymen déclaré hautement.

---

1. Formule polie de refus (ici, ironique). — 2. Noter l'allitération : *Tartuffe-tâterez.* — 3. Création plaisante de Molière. — 4. J'abandonne. — 5. Malgré (vieilli à l'époque). — 6. Voir, p. 56, n. 1. — 7. On donnait ce titre aussi bien aux jeunes filles qu'aux femmes mariées appartenant à la bourgeoisie.

VALÈRE.	— Et quel est le dessein où votre âme s'arrête, Madame?
MARIANE.	— Je ne sais.
VALÈRE.	— La réponse est honnête.
	⁶⁹⁵ Vous ne savez?
MARIANE.	— Non.
VALÈRE.	— Non?
MARIANE.	— Que me conseillez-vous?
VALÈRE.	— Je vous conseille, moi, de prendre cet époux.
MARIANE.	— Vous me le conseillez?
VALÈRE.	— Oui.
MARIANE.	— Tout de bon?
VALÈRE.	— Sans doute.

Le choix est glorieux et vaut bien qu'on l'écoute.

- **Une scène de dépit amoureux** — La querelle de Mariane et de Valère naît d'un malentendu. Comment Mariane interprète-t-elle la question ironique de Valère au vers 693? Comment Valère interprète-t-il à son tour la réponse de Mariane? — Cf. la *Lettre sur l'Imposteur* : « Il lui demande d'abord si la nouvelle qu'il a apprise de ce prétendu mariage est véritable. A quoi, dans la terreur où les menaces de son père et la surprise où ces nouveaux desseins l'ont jetée, ne répondant que faiblement et comme en tremblant, Valère continue à lui demander ce qu'elle fera. Interdite en partie de son aventure, en partie irritée du doute où il témoigne en quelque façon être de son amour, elle lui répond qu'elle fera ce qu'il lui conseillera. »

- **Les caractères** — Quelle place tiennent, dans l'attitude prise par MARIANE, la timidité, le désarroi, l'amour-propre, la coquetterie?

    ① En quoi fait-elle penser à certaines héroïnes de Marivaux?
    De son côté, VALÈRE se montre-t-il un « parfait amant », tel qu'on le concevait au XVIIᵉ siècle?

    ② Quel trait de caractère révèlent son impatience et sa brusquerie? Où laisse-t-il apparaître ses véritables sentiments?

- **Le comique** — Nous avons ici un comique « fin » qui ne doit rien à la farce. Une double comédie se joue : sur scène, entre Mariane et Valère, devant le regard amusé de Dorine; dans l'esprit des spectateurs qui ne sont pas dupes du jeu des deux « amants », et savent à quoi s'en tenir sur leurs sentiments véritables. Une sorte de complicité s'établit ainsi entre Dorine et le public qui attendent avec la même curiosité l'issue de la querelle.

- **Le style : l'ironie** — Songez au mot de Pascal : « Les deux adversaires se servent de la même balle : mais l'un la place mieux. » Le ton : dépit amoureux dissimulé sous la politesse mondaine.

    ③ Comment l'évolution de Valère apparaît-elle dans son langage?

MARIANE. — Hé bien! c'est un conseil, Monsieur, que je reçois

VALÈRE. 700 Vous n'aurez pas grand'peine à le suivre, je croi

MARIANE. — Pas plus qu'à le donner en a souffert votre âme

VALÈRE. — Moi, je vous l'ai donné pour vous plaire, Madame

MARIANE. — Et moi, je le suivrai pour vous faire plaisir.

DORINE, *se retirant dans le fond du théâtre.*
— Voyons ce qui pourra de ceci réussir [2].

VALÈRE. 705 C'est donc ainsi qu'on aime? Et c'était tromperie
Quand vous...

MARIANE. — Ne parlons point de cela, je vous prie
Vous m'avez dit tout franc que je dois accepter
Celui que pour époux on me veut présenter;
Et je déclare, moi, que je prétends le faire,
710 Puisque vous m'en donnez le conseil salutaire.

VALÈRE. — Ne vous excusez point sur [3] mes intentions :
Vous aviez pris déjà vos résolutions,
Et vous vous saisissez d'un prétexte frivole
Pour vous autoriser à manquer de parole.

MARIANE. 715 Il est vrai, c'est bien dit.

VALÈRE. — Sans doute; et votre cœu
N'a jamais eu pour moi de véritable ardeur.

MARIANE. — Hélas! permis à vous d'avoir cette pensée.

VALÈRE. — Oui, oui, permis à moi; mais mon âme offensée
Vous préviendra peut-être en un pareil dessein;
720 Et je sais où porter et mes vœux et ma main.

MARIANE. — Ah! je n'en doute point; et les ardeurs qu'excite
Le mérite...

VALÈRE. — Mon Dieu, laissons là le mérite :
J'en ai fort peu, sans doute, et vous en faites foi
Mais j'espère aux bontés qu'une autre aura pour moi
725 Et j'en sais de qui l'âme, à ma retraite ouverte [4]
Consentira sans honte à réparer ma perte [5].

MARIANE. — La perte n'est pas grande, et de ce changement
Vous vous consolerez assez facilement.

VALÈRE. — J'y ferai mon possible, et vous le pouvez croire.
730 Un cœur qui nous oublie engage notre gloire [6];
Il faut à l'oublier mettre aussi tous nos soins.
Si l'on n'en vient à bout, on le doit feindre au moins

---

1. J'accepte. — 2. Résulter. — 3. En prenant prétexte de... — 4. Qui m'accueil-
lera, quand je me séparerai de vous. — 5. La *perte* que je fais en vous quittant. —
6. Notre honneur, notre réputation.

	Et cette lâcheté jamais ne se pardonne
	De montrer de l'amour pour qui nous abandonne.
ARIANE.	₋₇₃₅ Ce sentiment, sans doute, est noble et relevé.
ALÈRE.	— Fort bien, et d'un chacun [1] il doit être approuvé.
	Hé quoi! vous voudriez qu'à jamais dans mon âme
	Je gardasse pour vous les ardeurs de ma flamme,
	Et vous visse à mes yeux passer en d'autres bras,
	₇₄₀ Sans mettre ailleurs un cœur dont vous ne voulez
	[pas?
ARIANE.	— Au contraire; pour moi, c'est ce que je souhaite,
	Et je voudrais déjà que la chose fût faite.
ALÈRE.	— Vous le voudriez?
ARIANE.	— Oui.
ALÈRE.	— C'est assez m'insulter,
	Madame, et de ce pas je vais vous contenter.
	(Il fait un pas pour s'en aller et revient toujours.)
ARIANE.	₋₇₄₅ Fort bien.

1. Voir p. **31**, n. 6.

■■■

- **La progression de l'intérêt** — La querelle s'envenime peu à peu, chacun des deux « adversaires » se piquant au jeu, et demeurant sur ses positions.

  ① A quel sentiment obéissent-ils tous deux? Par quels mots, par quels jeux de scène Valère trahit-il ses véritables sentiments? Qu'espère-t-il en secret? Et, de son côté, qu'attend Mariane?

- **L'intervention de Dorine**

  ② Pourquoi cette intervention s'est-elle fait si longtemps attendre? (voir v. 704 et 753-756). Quel intérêt nouveau apporte-t-elle, et en quoi marque-t-elle le « point culminant » de la scène?

- **Le comique de situation** — Un dialogue de sourds : Mariane et Valère prisonniers, malgré eux, de leur propre stratagème, sous les yeux amusés de Dorine et du public.

  De caractère : les airs de Matamore de Valère; l'attitude offensée ou faussement désinvolte de Mariane.

  De mots : le langage agressif et les outrances verbales de Valère; l'ironie hautaine et la fausse indifférence de Mariane.

  ③ Par quels mots, quels « sous-entendus », les deux amants se trahissent-ils cependant? Étudiez, dans toute cette querelle, les divers aspects de « l'antiphrase » (opposition des sentiments et du langage); les jeux de scène (fausses sorties, mimique expressive).

- **Le style** — Le rythme trépidant du dialogue traduit l'échauffement progressif des passions.

  ④ Étudiez, à ce point de vue, l'emploi de la stichomythie.

■■■

VALÈRE, *revenant*. — Souvenez-vous au moins que c'est vous-mêm
Qui contraignez mon cœur à cet effort extrême.

MARIANE. — Oui.

VALÈRE. — Et que le dessein que mon âme conçoit
N'est rien qu'à votre exemple.

MARIANE. — A mon exemple, soi

VALÈRE, *en sortant*.
— Suffit; vous allez être à point nommé servie.

MARIANE. —750 Tant mieux.

VALÈRE, *revenant encore*. — Vous me voyez, c'est pour toute ma vie [1]

MARIANE. — A la bonne heure !

VALÈRE *s'en va, et, lorsqu'il est vers la porte, il se retourne.*
— Euh ?

MARIANE. — Quoi ?

VALÈRE. — Ne m'appelez-vous pas

MARIANE. — Moi ? Vous rêvez.

VALÈRE. — Hé bien ! je poursuis donc mes pas
Adieu, Madame. *(Il s'en va lentement.)*

MARIANE. — Adieu, Monsieur.

DORINE, *à Mariane*. — Pour moi, je pens
Que vous perdez l'esprit par cette extravagance,
755 Et je vous ai laissé [2] tout du long quereller [3],
Pour voir où tout cela pourrait enfin aller.
Holà ! seigneur Valère.

(Elle va l'arrêter par le bras, et Valère fait mine de grande résistance.

VALÈRE. — Hé ! que veux-tu, Dorine ?

DORINE. — Venez ici.

VALÈRE. — Non, non, le dépit me domine.
Ne me détourne point de ce qu'elle a voulu.

DORINE. —760 Arrêtez.

VALÈRE. — Non, vois-tu, c'est un point résolu.

DORINE. — Ah !

MARIANE, *à part*. — Il souffre à me voir, ma présence le chasse,
Et je ferai bien mieux de lui quitter [4] la place.

DORINE *quitte Valère et court à Mariane.*
— A l'autre ! Où courez-vous ?

MARIANE. — Laisse.

DORINE. — Il faut revenir.

MARIANE. — Non, non, Dorine, en vain tu veux me retenir.

---

1. Vous ne me reverrez plus de mon vivant. — 2. Invariable : la règle d'accord des parti
cipes n'était pas encore stricte, malgré Vaugelas. — 3. Vous quereller. — 4. Céder.

VALÈRE, *à part.* -765 Je vois bien que ma vue est pour elle un supplice,
Et sans doute il vaut mieux que je l'en affranchisse.

DORINE *quitte Mariane et court à Valère.*

— Encor? Diantre [1] soit fait de vous si je le veux [2]!
Cessez ce badinage [3], et venez çà [4] tous deux.
(Elle les tire l'un et l'autre.)

VALÈRE, *à Dorine.*

— Mais quel est ton dessein?

MARIANE, *à Dorine.*

— Qu'est-ce que tu veux faire?

DORINE. -770 Vous bien remettre ensemble et vous tirer d'affaire [5].
(A Valère.)
Êtes-vous fou d'avoir un pareil démêlé?

VALÈRE. — N'as-tu pas entendu comme elle m'a parlé?

DORINE, *à Mariane.*

— Êtes-vous folle, vous, de vous être emportée?

MARIANE. — N'as-tu pas vu la chose, et comme [6] il m'a traitée?

DORINE. -775 Sottise des deux parts. Elle n'a d'autre soin [7]
Que de se conserver à vous; j'en suis témoin.
(A Mariane.)
Il n'aime que vous seule, et n'a point d'autre envie
Que d'être votre époux; j'en réponds sur ma vie.

MARIANE, *à Valère.*

— Pourquoi donc me donner un semblable conseil?

VALÈRE. -780 Pourquoi m'en demander sur un sujet pareil?

DORINE. — Vous êtes fous tous deux. Çà, la main, l'un et l'autre.
(A Valère.)
Allons, vous.

VALÈRE, *en donnant sa main à Dorine.*

— A quoi bon ma main?

DORINE, *à Mariane.* — Ah! çà, la vôtre.

---

1. Altération de : diable; que le diable vous emporte! — 2. Si j'y consens. Dorine s'adresse à Valère et répond à ce qu'il vient de dire (v. 765-766). Au XVIIᵉ s. le verbe *vouloir* pouvait signifier : vouloir bien, souffrir qu'une chose se fasse; et « consentir... *Si vous le voulez, il le voudra aussi* » (*Dict. de l'Acad.*, 1694). Dorine semble jouer ici sur les deux sens du verbe et reprendre, avec une acception différente, le mot de Mariane (v. 764) : *en vain tu veux me retenir*. Mais on peut comprendre aussi qu'elle s'adresse à Mariane, en la quittant, et répond aux paroles de celle-ci. Il faudrait alors interpréter ainsi l'exclamation de Dorine : Malheur à vous, si je le veux! (vous retenir); menace plaisante, à l'adresse des deux jeunes gens (Mariane qu'elle quitte, et Valère vers qui elle court). Le sens dépend du jeu de scène, selon que Dorine s'adresse à Mariane ou à Valère. — 3. Au sens péjoratif : votre jeu stupide, ridicule; voir p. 39, n. 6. — 4. Ici. — 5. D'embarras. — 6. Comment; voir p. 35, n. 2. — 7. Souci.

MARIANE, *en donnant aussi sa main.*

— De [1] quoi sert tout cela?

DORINE.   —   Mon Dieu! vite, avancez.
          Vous vous aimez tous deux plus que vous ne pensez
(Valère et Mariane se tiennent quelque temps par la main sans se regarder.)
VALÈRE, *se tournant vers Mariane.*
          [785] Mais ne faites donc point les choses avec peine,
          Et regardez un peu les gens sans nulle haine.
          (Mariane tourne l'œil sur Valère et fait un petit souris [2].)
DORINE.   — A vous dire le vrai, les amants sont bien fous!
VALÈRE, *à Mariane.*
          — Ho çà! n'ai-je pas lieu de me plaindre de vous?
          Et, pour n'en point mentir, n'êtes-vous pas méchante
          [790] De vous plaire à me dire une chose affligeante?
MARIANE.   — Mais vous, n'êtes-vous pas l'homme le plus ingrat?...
DORINE.   — Pour une autre saison [3] laissons tout ce débat,
          Et songeons à parer [4] ce fâcheux mariage.
MARIANE.   — Dis-nous donc quels ressorts [5] il faut mettre en usage.
DORINE.   [795] Nous en ferons agir de toutes les façons.
          Votre père se moque, et ce sont des chansons [6].
          Mais, pour vous, il vaut mieux qu'à son extravagance
          D'un doux consentement vous prêtiez l'apparence,
          Afin qu'en cas d'alarme il vous soit plus aisé
          [800] De tirer en longueur cet hymen proposé.
          En attrapant du temps, à tout on remédie.
          Tantôt vous payerez de [7] quelque maladie
          Qui viendra tout à coup et voudra des délais;
          Tantôt vous payerez de présages mauvais :
          [805] Vous aurez fait d'un mort la rencontre fâcheuse,
          Cassé quelque miroir, ou songé [8] d'eau bourbeuse.
          Enfin, le bon [9] de tout, c'est qu'à d'autres qu'à lui
          On ne vous peut lier que [10] vous ne disiez oui.
          Mais, pour mieux réussir, il est bon, ce me semble,
          [810] Qu'on ne vous trouve point tous deux parlant
                                        [ensemble.

---

1. A quoi. Au XVII⁰ s., on employait la préposition *de*, avec le verbe *servir*, là où nous employons la préposition *à* : de nos jours, le sens diffère selon que le verbe est construit avec l'une ou l'autre de ces prépositions : *servir de* (faire office de); *servir à* (être utile à). — 2. Sourire. — 3. Pour un moment plus opportun. « Saison [...] signifie encore : le temps propre pour faire quelque chose » (*Dict. de l'Acad.*, 1694). — 4. Empêcher, éviter (au sens propre : terme d'escrime). — 5. Moyens secrets (sans idée péjorative) : « Personne ne doit pénétrer dans les ressorts de la Providence » (*Dict.* de Furetière, 1690). — 6. Des balivernes. — 7. Vous prendrez prétexte de...; on dit encore, en ce sens : « payer d'audace ». — 8. Vous aurez rêvé de...; « il songe toujours de feu, de chasse » (*Acad.*, 1694). — 9. « Le principal point d'une chose » (*Acad.*, 1694), l'essentiel. — 10. Sans que.

(A Valère.)

Sortez, et sans tarder, employez vos amis,
Pour vous faire tenir[1] ce qu'on vous a promis.
(A Mariane.)
Nous allons réveiller les efforts de son frère,
Et dans notre parti jeter la belle-mère[2].
815 Adieu.

VALÈRE, *à Mariane.*

—   Quelques efforts que nous préparions tous,
Ma plus grande espérance, à vrai dire, est en vous.

MARIANE, *à Valère.*

— Je ne vous réponds pas des volontés d'un père;
Mais je ne serai point à d'autre qu'à Valère.

VALÈRE.

— Que vous me comblez d'aise! Et quoi que puisse
[oser...

DORINE.

820 Ah! jamais les amants ne sont las de jaser.
Sortez, vous dis-je.

VALÈRE *fait un pas et revient.* — Enfin...

DORINE.

—   Quel caquet est le vôtre!
(Les poussant chacun par l'épaule.)
Tirez de cette part[3], et vous, tirez de l'autre.

---

1. Obtenir. — 2. Elmire, deuxième femme d'Orgon. — 3. Allez de ce côté; « De quel côté tirez-vous? » (*Dict. de l'Acad.*, 1694).

- **Intérêt de la scène** — Présente-t-elle un intérêt dramatique ou n'est-elle qu'un « hors-d'œuvre »? Lisons la *Lettre sur l'Imposteur* : « Ce dépit amoureux a semblé hors de propos à quelques-uns dans cette pièce, mais d'autres prétendent, au contraire, qu'il représente très naïvement et très moralement [...] la fatalité qui fait le plus souvent brouiller les gens ensemble quand il le faut le moins, et la sottise naturelle de l'esprit des hommes et particulièrement des amants de penser à toute autre chose dans ces extrémités qu'à ce qu'il faut. Cela sert, disent-ils encore, à faire mieux voir l'emportement et l'entêtement du père qui peut rompre et rendre malheureuse une amitié si belle, née par ses ordres. »

  ① Comparez cette scène à la scène 3, acte IV, du *Dépit amoureux*, et à la scène 10, acte III, du *Bourgeois gentilhomme*.

- **Les caractères** — MARIANE et VALÈRE : comment leur franchise transparaît-elle, à travers leur malentendu? Comment leur amour se trahit-il? DORINE : ② Comment parvient-elle à réconcilier les deux « amants » tout en ménageant leur susceptibilité? Quels sentiments cache-t-elle sous la fausse rudesse?

ACTE III

Scène première. — DAMIS, DORINE.

DAMIS.

— Que la foudre sur l'heure achève mes destins,
Qu'on me traite partout du plus grand des faquins [1]
825 S'il est aucun respect ni pouvoir qui m'arrête,
Et si je ne fais pas quelque coup de ma tête !

DORINE.

— De grâce, modérez un tel emportement ;
Votre père n'a fait qu'en parler simplement.
On n'exécute pas tout ce qui se propose,
830 Et le chemin est long du projet à la chose.

DAMIS.

— Il faut que de ce fat [2] j'arrête les complots,
Et qu'à l'oreille un peu je lui dise deux mots.

DORINE.

— Ah ! tout doux ! Envers lui, comme envers votre père
Laissez agir les soins de votre belle-mère.
835 Sur l'esprit de Tartuffe elle a quelque crédit ;
Il se rend [3] complaisant à tout ce qu'elle dit
Et pourrait bien avoir douceur de cœur [4] pour elle.
Plût à Dieu qu'il [5] fût vrai ! la chose serait belle.
Enfin votre intérêt [6] l'oblige à le [7] mander ;
840 Sur l'hymen qui vous trouble elle veut le sonder,
Savoir ses sentiments, et lui faire connaître
Quels fâcheux démêlés il pourra faire naître,
S'il faut qu'à ce dessein il prête quelque espoir [8].
Son valet dit qu'il prie, et je n'ai pu le voir ;
845 Mais ce valet m'a dit qu'il s'en allait descendre.
Sortez donc, je vous prie, et me laissez l'attendre.

DAMIS.

— Je puis être présent à tout cet entretien.

DORINE.

— Point. Il faut qu'ils soient seuls.

DAMIS.

— 						Je ne lui dirai rien.

---

1. Sens premier : portefaix ; d'où, au figuré : homme de rien. — 2. Coquin, traître ; injure à sens vague, mais très fort : voir p. 34, n. 2. — 3. Il devient : « se rendre catholique, se rendre religieux » (*Dict. de l'Acad.*, 1694). — 4. Sentiment tendre. — 5. Cela. — 6. *L'intérêt* qu'Elmire vous porte. — 7. *Le* : Tartuffe. — 8. S'il croit devoir encourager l'*espoir* qu'a Orgon de réaliser ce dessein. Ou bien : si Tartuffe a *quelque espoir* de voir aboutir ce projet (le dessein qu'Orgon a formé de marier Tartuffe et Mariane). Selon le sens que l'on donne au verbe *prêter* (apporter, ou accorder), on peut comprendre de l'une ou de l'autre façon. Ce sont peut-être de telles ambiguïtés qui ont fait dire à La Bruyère (*Caractères*, I, 38) : « Il n'a manqué à Molière que d'éviter le jargon et le barbarisme et d'écrire purement », — critique reprise par Fénelon et Vauvenargues.

DORINE. — Vous vous moquez : on sait vos transports[1] ordi-
                                        [naires,

850 Et c'est le vrai moyen de gâter les affaires.
Sortez.

DAMIS. —   Non, je veux voir sans me mettre en courroux.

DORINE. — Que vous êtes fâcheux[2] ! Il vient, retirez-vous.

---

1. Emportements. — 2. Importun.

■■■

- **Intérêt de la scène** — Dans *l'Imposteur* de 1667, le deuxième acte s'achevait par une scène où l'on voyait Elmire, Cléante et Dorine dresser un véritable plan de bataille contre Panulphe, afin de préparer l'entrevue d'Elmire et de « l'imposteur ». Dans *le Tartuffe* de 1669, ce « conseil de famille » est supprimé; à sa place, Molière imagine une discussion entre Dorine et Damis, entretien destiné à justifier le tête-à-tête d'Elmire et de Tartuffe, et placé au début du troisième acte; l'acte II se termine ainsi par la réconciliation de Mariane et Valère, à l'issue d'une scène prolongée de « dépit amoureux ».

  ① Pourquoi ce changement? En quoi renforce-t-il l'intérêt dramatique et psychologique?

- **Les caractères** — DAMIS : son caractère, seulement esquissé au premier acte (sc. 1), apparaît ici en plein jour, tel qu'il se manifestera au cours de l'acte III.

  ② Montrez, par des références précises au texte, les traits dominants de ce caractère. Comparez Damis à Cléante (dans *l'Avare*), et à Alceste (dans *le Misanthrope*).
DORINE, dans cette scène, apparaît beaucoup plus prudente et réservée que précédemment.

  ③ Comment s'explique ce changement d'attitude? Pourquoi tient-elle à laisser Elmire et Tartuffe en « tête-à-tête » (v. 848)? Sur quel ton parle-t-elle à Damis? Comment se justifie sa liberté de langage à l'égard du fils d'Orgon?

- **Le comique** tient essentiellement au caractère de Damis et au contraste des tons.

  ④ Relevez, dans les propos de Damis, les « outrances verbales », les naïvetés d'enfant boudeur; et, dans les répliques de Dorine, les paroles d'apaisement, les sentences, les conseils affectueux, les ordres d'une feinte brutalité qui contrastent, par leur sagesse et leur ton modéré, avec les emportements de « l'enfant terrible », Damis.

■■■

SCÈNE II. — TARTUFFE, LAURENT, DORINE.

TARTUFFE, *apercevant Dorine.*

— Laurent, serrez ma haire[1] avec ma discipline[2],
Et priez que toujours le Ciel vous illumine.
[855] Si l'on vient pour me voir, je vais aux prisonniers
Des aumônes que j'ai partager les deniers[3].

DORINE, *à part.* — Que d'affectation et de forfanterie!

TARTUFFE. — Que voulez-vous?

DORINE. — Vous dire...

TARTUFFE, *il tire un mouchoir de sa poche.*

— Ah! mon Dieu, je vous prie
Avant que de parler, prenez-moi ce mouchoir.

DORINE. [860] Comment?

TARTUFFE. — Couvrez ce sein que je ne saurais voir
Par de pareils objets[4] les âmes sont blessées,
Et cela fait venir de coupables pensées.

DORINE. — Vous êtes donc bien tendre à la tentation,
Et la chair sur vos sens fait grande impression!
[865] Certes, je ne sais pas quelle chaleur vous monte;
Mais à convoiter, moi, je ne suis point si prompte,
Et je vous verrais nu du haut jusques en bas
Que toute votre peau ne me tenterait pas.

TARTUFFE. — Mettez dans vos discours un peu de modestie,
[870] Ou je vais sur-le-champ vous quitter[5] la partie.

DORINE. — Non, non, c'est moi qui vais vous laisser en repos,
Et je n'ai seulement[6] qu'à vous dire deux mots;
Madame va venir dans cette salle basse[7],
Et d'un mot d'entretien vous demande la grâce.

TARTUFFE. [875] Hélas! très volontiers.

DORINE, *en soi-même.*

Comme il se radoucit!
Ma foi, je suis toujours pour ce que j'en ai dit[8].

TARTUFFE. — Viendra-t-elle bientôt?

DORINE. — Je l'entends, ce me semble,
Oui, c'est elle en personne, et je vous laisse ensemble.

---

1. Sorte de cilice ou de chemise de crin, portée sur la peau par esprit de mortification et de pénitence. — 2. Sorte de fouet, fait de cordelettes ou de petites chaînes, avec lequel les pénitents se flagellaient. — 3. « Les gens du *Saint-Sacrement* sont grands visiteurs de prisons. Et, de plus, parmi les scandales les plus abominables, ils dénoncent l'*immodestie des toilettes* [...]. Du coup, le spectateur, un peu au courant de ce qui se passe à la cour est fixé » (R. Allier, *la Cabale des dévots*, p. 397). — 4. Au sens étymologique : ce qui frappe la vue. — 5. Vous céder la place. Voir le v. 762. — 6. *Ne... que seulement* : pléonasme fréquent au XVIIe s. — 7. Salle du rez-de-chaussée, salon. — 8. Allusion au v. 837.

■■

● **Tartuffe entre en scène (III, 2)** — Pourquoi Molière a-t-il retardé jusqu'à ce moment l'entrée en scène de Tartuffe? Voir la *Préface* et la *Lettre sur l'Imposteur* : « Un caractère de cette force tomberait s'il paraissait sans faire d'abord un jeu digne de lui, ce qui ne se pouvoit que dans le fort de l'action. »

① Comment cette entrée en scène de Tartuffe a-t-elle été préparée dans les actes précédents?

● **La vraisemblance** — Dans le portrait d'Onuphre, La Bruyère (*Caractères*, XIII, 24) a critiqué cette entrée en scène de Tartuffe (v. 853-856) : « Il [Onuphre] ne dit point : *ma haire* et *ma discipline;* au contraire : il passerait pour ce qu'il est, pour un hypocrite, et il veut passer pour ce qu'il n'est pas, pour un homme dévot. » — A quoi Sainte-Beuve réplique : (*Port-Royal*, III) : « On attend Tartuffe; il n'a pas encore paru; les deux premiers actes sont achevés : il a tout rempli jusque-là, il n'a été question que de lui; mais on ne l'a pas encore vu en personne. Le troisième acte commence; on l'annonce, il vient, on l'entend : *Laurent...* Que La Bruyère dise tout ce qu'il voudra : ce *Laurent, serrez ma haire...* est le plus admirable début dramatique et comique qui se puisse inventer. »

② Commentez et discutez ces deux jugements.

● **Les caractères** — TARTUFFE : « l'homme au masque »; le faux dévot; l'homme sensuel.

③ Comment ces contradictions du personnage se manifestent-elles? Étudiez, à ce point de vue, le premier hémistiche du vers 875 : *Hélas! très volontiers*, en vous référant à cette observation de la *Lettre sur l'Imposteur* : « Enfin, elle [Dorine] fait son message, et il [Panulphe] la reçoit avec une joie qui la décontenance et le jette un peu hors de son rôle; et c'est ici que l'on voit représenter, mieux que nulle part ailleurs, la force de l'amour. »
D'autre part, si Tartuffe joue parfaitement son rôle de dévot, cherche-t-il vraiment à tromper Dorine? Ne se sait-il pas déjà percé à jour par cette « fine mouche »? Dès lors, comment peut-on expliquer son attitude?
DORINE : sa perspicacité; sa franchise; sa gaieté. Peut-être eût-elle été plus habile en feignant de se laisser prendre au jeu de Tartuffe pour mieux le mettre en confiance et l'amener ainsi à se trahir par la suite. Mais le naturel l'emporte : Dorine ne peut résister au plaisir de narguer l'imposteur.

● **La satire des mœurs :** les allusions à la « Compagnie du T. S. Sacrement » (v. 855-856 et 860-862). La pudibonderie de Tartuffe devant Dorine n'a-t-elle pas été inspirée à Molière par une anecdote véridique? Cf. Tallemant des Réaux, *Historiettes* (éd. Adam, I, p. 298).

● **Le comique de situation :** Tartuffe obligé de jouer son rôle de dévot, devant Dorine qui l'a, depuis longtemps, percé à jour. **De caractère :** les « deux visages » de Tartuffe (comparez Tartuffe et Alceste amoureux); la franche gaieté de Dorine. **Comique de mots :** le langage dévot de Tartuffe; les « gauloiseries » et l'ironie de Dorine. **Les jeux de scène :** les attitudes confites de Tartuffe; sa mimique effarouchée ou « scandalisée »; les agaceries et les provocations de Dorine.

■■

SCÈNE III. — ELMIRE, TARTUFFE.

TARTUFFE. — Que le Ciel à jamais, par sa toute bonté[1],
880 Et de l'âme et du corps vous donne la santé,
Et bénisse vos jours autant que le désire
Le plus humble de ceux que son amour inspire!

ELMIRE. — Je suis fort obligée à ce souhait pieux;
Mais prenons une chaise afin d'être un peu mieux.

TARTUFFE, *assis.*-885 Comment de votre mal vous sentez-vous remise[2]?

ELMIRE, *assise.* — Fort bien, et cette fièvre a bientôt quitté prise.

TARTUFFE. — Mes prières n'ont pas le mérite qu'il faut
Pour avoir attiré cette grâce d'en haut;
Mais je n'ai fait au Ciel nulle dévote instance[4]
890 Qui n'ait eu pour objet votre convalescence.

ELMIRE. — Votre zèle[5] pour moi s'est trop inquiété.

TARTUFFE. — On ne peut trop chérir votre chère santé,
Et pour la rétablir j'aurais donné la mienne.

ELMIRE. — C'est pousser bien avant la charité chrétienne,
895 Et je vous dois beaucoup pour toutes ces bontés.

TARTUFFE. — Je fais bien moins pour vous que vous ne méritez.

ELMIRE. — J'ai voulu vous parler en secret d'une affaire,
Et suis bien aise ici qu'aucun ne nous éclaire[6].

TARTUFFE. — J'en suis ravi de même, et sans doute il m'est doux,
900 Madame, de me voir seul à seul avec vous;
C'est une occasion qu'au Ciel j'ai demandée,
Sans que jusqu'à cette heure il me l'ait accordée.

ELMIRE. — Pour moi, ce que je veux, c'est un mot d'entretien
Où tout votre cœur s'ouvre et ne me cache rien.

*(Damis, sans se montrer, entr'ouvre la porte du
cabinet dans lequel il s'était retiré, pour entendre
la conversation[7].)*

TARTUFFE. -905 Et je ne veux aussi, pour grâce singulière[8],
Que montrer à vos yeux mon âme toute entière[9]
Et vous faire serment que les bruits que j'ai faits[10]
Des visites qu'ici reçoivent vos attraits

---

1. Sa bonté infinie. — 2. Voir I, 4, v. 231. Le jeu de scène (*Tartuffe pousse son siège le plus près possible de celui d'Elmire*) est donné par l'édit. de 1734. — 3. Lâché prise (voir p. 58, n. 4). — 4. Prière instante. — 5. Piété, ferveur religieuse; mais aussi : ferveur amoureuse (sens vieilli en 1690, selon Furetière; Elmire joue peut-être sur le double sens du mot. — 6. Épie, observe. — 7. Indication figurant, comme d'autres introduites précédemment, dans l'éd. de 1734. — 8. Unique : « Vertu, piété singulière » (*Dict. de l'Acad.*, 1694). — 9. À l'époque de Molière la règle moderne (*tout entière*) n'était pas encore appliquée. — 10. Les critiques que j'ai formulées.

                    Ne sont pas envers vous l'effet d'aucune haine,
        910   Mais plutôt d'un transport de zèle qui m'entraîne,
                    Et d'un pur mouvement...
ELMIRE.   —   Je le prends bien aussi,
                    Et crois que mon salut vous donne ce souci.

TARTUFFE, _il lui serre le bout des doigts._
                    — Oui, Madame, sans doute, et ma ferveur est telle...
ELMIRE.   — Ouf! vous me serrez trop.
TARTUFFE.   —   C'est par excès de zèle.
        915   De vous faire aucun[1] mal je n'eus jamais dessein,
                    Et j'aurais bien plutôt...
                    (Il lui met la main sur le genou.)
ELMIRE.   —   Que fait là votre main?
TARTUFFE.   — Je tâte votre habit; l'étoffe en est mœlleuse.
ELMIRE.   — Ah! de grâce, laissez; je suis fort chatouilleuse.
                    (Elle recule sa chaise, et Tartuffe rapproche la sienne.)

TARTUFFE, _maniant le fichu d'Elmire._
                    — Mon Dieu! que de ce point[2] l'ouvrage est merveil-
                                                                                    [leux!
        920   On travaille aujourd'hui d'un air[3] miraculeux;
                    Jamais en toute chose on n'a vu si bien faire.
ELMIRE.   — Il est vrai. Mais parlons un peu de notre affaire.
                    On tient[4] que mon mari veut dégager sa foi[5]
                    Et vous donner sa fille. Est-il[6] vrai, dites-moi?
TARTUFFE.   -925 Il m'en a dit deux mots; mais, Madame, à vrai dire,
                    Ce n'est pas le bonheur après quoi[7] je soupire,
                    Et je vois autre part les merveilleux attraits
                    De la félicité qui fait tous mes souhaits.
ELMIRE.   — C'est que vous n'aimez rien des choses de la terre.
TARTUFFE.   -930 Mon sein n'enferme pas un cœur qui soit de pierre.

---

1. L'éd. originale porte _autre_, qui est probablement une coquille. Les édit. suivantes corrigent _autre_ en _aucun_. — 2. Dentelle faite à l'aiguille. — 3. D'une manière merveilleuse. — 4. On est convaincu... — 5. Retirer sa parole. — 6. Est-ce; voir p. 66, n. 5. — 7. Lequel.

▪▪

- **L'hypocrite amoureux** — ① Commentez ce passage de la _Lettre sur l'Imposteur :_ «Il [Panulphe] fait si bien sentir son humanité et sa faiblesse pour [Elmire] qu'il ferait presque pitié. »

- **«L'honnête» Elmire** — Comment repousse-t-elle les avances de Tartuffe? — Pourquoi le ménage-t-elle? (voir le v. 922.)

- **Le comique** — Style : «sous-entendus»; ironie. Jeux de scène.

▪▪

ELMIRE. — Pour moi, je crois qu'au Ciel tendent tous vos soupirs,
Et que rien ici-bas n'arrête vos désirs.

TARTUFFE. — L'amour qui nous attache aux beautés éternelles
N'étouffe pas en nous l'amour des temporelles.
935 Nos sens facilement peuvent être charmés [1]
Des ouvrages parfaits que le Ciel a formés.
Ses attraits réfléchis [2] brillent dans vos pareilles,
Mais il étale en vous ses plus rares merveilles.
Il a sur votre face épanché des beautés
940 Dont les yeux sont surpris [3] et les cœurs transportés ;
Et je n'ai pu vous voir, parfaite créature,
Sans admirer en vous l'auteur de la nature,
Et d'une ardente amour [4] sentir mon cœur atteint
Au [5] plus beau des portraits où lui-même il s'est
[peint.
945 D'abord j'appréhendai que cette ardeur secrète
Ne fût du noir esprit [6] une surprise adroite [7] ;
Et même à fuir vos yeux mon cœur se résolut,
Vous croyant un obstacle à faire mon salut.
Mais enfin je connus, ô beauté toute [8] aimable,
950 Que cette passion peut n'être point coupable,
Que je puis l'ajuster [9] avecque la pudeur,
Et c'est ce qui m'y fait abandonner mon cœur.
Ce m'est, je le confesse, une audace bien grande
Que d'oser de ce cœur vous adresser l'offrande ;
955 Mais j'attends en mes vœux tout de votre bonté,
Et rien des vains efforts de mon infirmité [10].
En vous est mon espoir, mon bien, ma quiétude ;
De vous dépend ma peine ou ma béatitude ;
Et je vais être enfin, par votre seul arrêt [11],
960 Heureux, si vous voulez, malheureux, s'il vous plaît.

ELMIRE. — La déclaration est tout à fait galante ;
Mais elle est, à vrai dire, un peu bien surprenante.
Vous deviez [12], ce me semble, armer mieux votre
[sein [13],
Et raisonner un peu sur un pareil dessein.

---

1. Ensorcelés (sens fort). — 2. Le reflet de *ses attraits*. — 3. Frappés à l'improviste. — 4. Au xviiᵉ s., *amour* était indifféremment du masculin ou du féminin, mais Vaugelas préférait le féminin en poésie. — 5. Devant le... — 6. Le démon. — 7. On prononçait *adrète* : d'où la rime. — 8. Voir p. 70, n. 9. — 9. Accorder. — 10. Ma faiblesse (terme de la langue mystique, comme : offrande, quiétude, béatitude). — 11. Votre décision. — 12. Vous auriez dû (cf. lat. : *debebam*, j'aurais dû). — 13. Votre cœur (terme noble, comme *estomac* pour : poitrine).

⁹⁶⁵ Un dévot comme vous, et que partout on nomme...

ARTUFFE.

— Ah! pour être dévot, je n'en suis pas moins homme[1];
Et lorsqu'on vient à voir vos célestes appas,
Un cœur se laisse prendre et ne raisonne pas.
Je sais qu'un tel discours de moi paraît étrange;
⁹⁷⁰ Mais, Madame, après tout, je ne suis pas un ange,
Et, si vous condamnez l'aveu que je vous fais,
Vous devez vous en prendre à vos charmants[2]
                                        [attraits.
Dès que j'en vis briller la splendeur plus qu'humaine,
De mon intérieur vous fûtes souveraine.
⁹⁷⁵ De vos regards divins l'ineffable douceur
Força la résistance où s'obstinait mon cœur;
Elle surmonta tout, jeûnes, prières, larmes,
Et tourna tous mes vœux[3] du côté de vos charmes.
Mes yeux et mes soupirs vous l'ont dit mille fois,
⁹⁸⁰ Et pour mieux m'expliquer j'emploie ici la voix.
Que si vous contemplez d'une âme un peu bénigne
Les tribulations[4] de votre esclave indigne,
S'il faut que vos bontés veuillent me consoler
Et jusqu'à mon néant daignent se ravaler,
⁹⁸⁵ J'aurai toujours pour vous, ô suave merveille,
Une dévotion à nulle autre pareille.
Votre honneur avec moi ne court point de hasard[5]
Et n'a nulle disgrâce à craindre de ma part.
Tous ces[6] galants de cour dont les femmes sont folles,
⁹⁹⁰ Sont bruyants dans leurs faits et vains dans leurs
                                        [paroles;
De leurs progrès[7] sans cesse on les voit se targuer;
Ils n'ont point de faveurs qu'ils n'aillent divulguer,
Et leur langue indiscrète, en qui[8] l'on se confie,
Déshonore l'autel où leur cœur sacrifie.
⁹⁹⁵ Mais les gens comme nous brûlent d'un feu discret,
Avec qui pour toujours on est sûr du secret.

---

1. Parodie d'un vers de Corneille (*Sertorius*) : « Ah! pour être Romain, je n'en suis pas moins homme. » — 2. Sens plus fort que de nos jours, mais affaibli par rapport au sens étymologique (ensorcelant). — 3. Espoirs amoureux (langue galante). — 4. « Afflictions, misères qu'on prend en gré comme venant de la part de Dieu » (*Dict.* de Furetière, 1690). — 5. Risque. — 6. Le démonstratif a ici une valeur péjorative, comme *iste* en latin. — 7. *Progrès* dans les faveurs des femmes. — 8. A laquelle : au XVIIᵉ, le pronom *qui* pouvait s'employer, après une préposition, pour remplacer un nom de chose, malgré Vaugelas, qui exigeait en ce cas le pronom *quoi* : même emploi au vers 996 : (*un feu...* avec qui). Mais Molière emploie aussi, dans le même cas, le pronom *quoi* (v. 926).

                    Le soin que nous prenons de notre renommée
                    Répond de toute chose à la personne aimée,
                    Et c'est en nous qu'on trouve, acceptant[1] notre cœu[r]
           1000   De l'amour sans scandale et du plaisir sans peu[r]

ELMIRE.   — Je vous écoute dire, et votre rhétorique[2]
                    En termes assez forts à mon âme s'explique.
                    N'appréhendez-vous point que je ne sois d'humeu[r]
                    A dire à mon mari cette galante[3] ardeur,
           1005   Et que le prompt avis d'un amour de la sorte
                    Ne pût[4] bien altérer l'amitié qu'il vous porte?

TARTUFFE.   — Je sais que vous avez trop de bénignité[5],
                    Et que vous ferez grâce à ma témérité;
                    Que vous m'excuserez sur l'humaine faiblesse
           1010   Des violents[6] transports d'un amour qui vous bless[e]
                    Et considérerez, en regardant votre air[7],
                    Que l'on n'est pas aveugle, et qu'un homme est d[e]
                                                              [chai[r].

ELMIRE.   — D'autres prendraient cela d'autre façon peut-êtr[e]
                    Mais ma discrétion se veut faire paraître[8].
           1015   Je ne redirai point l'affaire à mon époux;
                    Mais je veux en revanche une chose de vous :
                    C'est de presser tout franc, et sans nulle chican[e]
                    L'union[9] de Valère avecque Mariane,
                    De renoncer vous-même à l'injuste pouvoir[10]
           1020   Qui veut du bien d'un autre[11] enrichir votre espoi[r]
                    Et...

---

1. Si l'on accepte; au XVII[e]s., le participe pouvait se rapporter à un autre mot que [le]
sujet grammatical, ou même à un mot non exprimé, mais suggéré par le contexte. -
2. Discours (ironique). — 3. Amoureuse. — 4. Ne puisse. L'imparfait du subjonctif — [en]
dérogation avec la concordance des temps — a ici son ancienne valeur de conditionne[l:]
pourrait.— 5. Bienveillance (terme de dévotion). — 6. Trois syllabes : (diérèse). — 7. Tournur[e]
aspect. Mot à la mode vers 1665 : « Il veut dire : je ne sais quoi qui paraît en un instan[t]
que la nature donne et que l'on ne peut bien définir » (Andry de Boisregard, *Réflexions su[r]*
l'usage présent de la langue française, 1689). Mais l'abus du terme le rendit ridicul[e :]
« Ceux qui parlent bien, dit le P. Bouhours, ne s'en servent qu'en riant, pour se moque[r]
des gens du bel air. » — 8. Se montrer. Quand un verbe pronominal à l'infinitif était précéd[é]
de certains verbes comme *vouloir*, *pouvoir*, *devoir*, jouant le rôle d'un auxiliaire, le prono[m]
régime était régulièrement placé avant le verbe à mode personnel dont dépendait l'infiniti[f].
— 9. Trois syllabes (diérèse) ; de même dans *Mariane*. — 10. Au bénéfice de l'injustice que [le]
pouvoir d'Orgon s'apprête à commettre. — 11. C'est-à-dire de Mariane, fiancée à Valèr[e].

▪▪

● **La première déclaration de Tartuffe** (v. 933-960). Même au plu[s]
   fort de sa passion, Tartuffe reste comique.
   ① Étudiez à ce point de vue le jugement suivant d'Eugène Riga[l]
   (*Molière*, I, p. 264) : « Il est comique, incontestablement. Il l'est d'abor[d]

74

parce que son masque d'honnête dévot le gêne singulièrement pour s'expliquer et qu'Elmire feint longtemps de ne pas le comprendre. Il l'est ensuite parce que, toute sa casuistique étant percée à jour par Elmire, plus il s'efforce de la gagner, plus il l'éloigne et se compromet lui-même. Il l'est enfin parce que, lui, le dupeur de profession, va être trompé par une âme sincère, droite, à qui la fourberie répugne et qui n'y a recours qu'en désespoir de cause. »

- **La « surprise » d'Elmire** (v. 961-965) — ③ Expliquez l'attitude d'Elmire, en vous référant à cette remarque de la *Lettre sur l'Imposteur* : « Panulphe se met à lui conter fleurette en termes de dévotion mystique, d'une manière qui surprend terriblement cette femme. » Mais ici l'auteur de la Lettre traduit-il bien les véritables intentions de l'auteur ? N'y a-t-il pas, dans la « surprise » d'Elmire, une certaine part de feinte, et ne pouvait-elle pas s'attendre à la « déclaration » de Tartuffe, alors qu'une simple servante avait deviné (v. 84) la passion de « l'imposteur » ? Dorine aurait-elle été plus perspicace qu'Elmire elle-même ?

- **Tartuffe jette le masque** (v. 966-1000) — Étudiez la progression de la tirade, la langue et le style, la diversité des tons.

④ A propos des v. 966, 970 et 987-1000, commentez ce jugement de J. Lemaître (*Impressions de théâtre*, IV, p. 43) : Tartuffe « a par endroits des finesses, des ironies presque imperceptibles, des airs détachés qui ne sont plus d'un vulgaire sacristain, mais qui sentent leur homme du monde, et leur homme d'esprit ».

Jany Gastaldi
(ELMIRE)
et
Richard Fontana
(TARTUFFE)
dans une mise
en scène
d'Antoine Vitez
au Festival d'Avignon
juillet 1978

Ph. © Agnès Bernand - Photeb

Scène IV. — ELMIRE, DAMIS, TARTUFFE.

DAMIS, *sortant du petit cabinet où il s'était retiré.*

— Non, Madame, non, ceci doit se répandre[1].
J'étais en cet endroit, d'où j'ai pu tout entendre,
Et la bonté du Ciel m'y semble avoir conduit
Pour confondre[2] l'orgueil d'un traître qui me nuit,
1025 Pour m'ouvrir une voie à prendre la vengeance[3]
De son hypocrisie et de son insolence,
A détromper mon père et lui mettre en plein jour
L'âme d'un scélérat qui vous parle d'amour.

ELMIRE. — Non, Damis, il suffit qu'il se rende[4] plus sage
1030 Et tâche à[5] mériter la grâce où[6] je m'engage.
Puisque je l'ai promis, ne m'en dédites pas.
Ce n'est point mon humeur de faire des éclats;
Une femme se rit de sottises pareilles
Et jamais d'un mari n'en trouble les oreilles.

DAMIS. 1035 Vous avez vos raisons pour en user ainsi,
Et pour faire autrement j'ai les miennes aussi.
Le vouloir épargner est une raillerie;
Et l'insolent orgueil de sa cagoterie[7]
N'a triomphé que trop de mon juste courroux,
1040 Et que trop excité de désordres chez nous.
Le fourbe trop longtemps a gouverné mon père
Et desservi mes feux avec[8] ceux de Valère.
Il faut que du perfide il soit désabusé,
Et le Ciel, pour cela, m'offre un moyen aisé.
1045 De cette occasion je lui suis redevable,
Et, pour la négliger[9], elle est trop favorable;
Ce serait mériter qu'il me la vînt ravir
Que de l'avoir en main et ne m'en pas servir.

ELMIRE. — Damis...

DAMIS. — Non, s'il vous plaît, il faut que je me croie[10].
1050 Mon âme est maintenant au comble de sa joie,
Et vos discours en vain prétendent m'obliger
A quitter le plaisir de me pouvoir venger.

---

1. Se divulguer, se publier. — 2. Abattre, anéantir. — 3. Pour me donner un moyen de tirer vengeance... . — 4. Devienne; voir p. 66, n. 3. — 5. Tâche de; la langue classique emploie souvent la préposition *à*, là où nous employons *de*. — 6. A laquelle; au XVIIe s., *où* s'employait comme régime indirect à la place du relatif composé, jugé « pesant » par Vaugelas. — 7. Fausse dévotion; voir les v. 45 et 201. — 8. En même temps que. — 9. Pour qu'on la néglige : libre construction de l'infinitif de but qui pouvait, au XVIIe s., se rapporter logiquement à un autre mot que le sujet grammatical. — 10. Je ne veux croire que moi-même, n'en faire qu'à ma tête.

Sans aller plus avant, je vais vider l'affaire[1];
Et voici justement de quoi me satisfaire.

SCÈNE V. — ORGON, DAMIS, TARTUFFE, ELMIRE.

DAMIS.

1055 Nous allons régaler, mon père, votre abord[2]
D'un incident tout frais qui vous surprendra fort.
Vous êtes bien payé de toutes vos caresses,
Et Monsieur d'un beau prix reconnaît vos tendresses.
Son grand zèle pour vous vient de se déclarer;
1060 Il ne va pas à moins qu'à vous déshonorer,
Et je l'ai surpris là qui faisait à Madame
L'injurieux aveu d'une coupable flamme.
Elle est d'une humeur douce, et son cœur trop discret
Voulait à toute force en garder le secret;
1065 Mais je ne puis flatter[3] une telle impudence
Et crois que vous la taire est vous faire une offense.

ELMIRE.

— Oui, je tiens[4] que jamais de tous ces vains propos
On ne doit d'un mari traverser[5] le repos;
Que ce n'est point de là que l'honneur peut dépendre,
1070 Et qu'il suffit pour nous de savoir nous défendre.

---

1. En finir (déjà vieux à l'époque). Toutes les éditions anciennes portent *vuider*, ancienne orthographe du mot. — 2. Arrivée. — 3. Complaire à. — 4. Je crois fermement. — 5. Troubler.

■■■

- **Scène 4 : le réquisitoire de Damis** — Nous retrouvons, chez Damis, les traits de caractère que nous avons déjà eu l'occasion de constater : ardeur juvénile, impulsivité, franchise, honnêteté, courage. Mais ici, ce n'est plus un enfant qui parle, c'est un homme; son indignation filiale n'inspire que la sympathie.

① Appréciez l'attitude nouvelle de Damis à l'égard de sa belle-mère.

② Au lieu d'accabler Tartuffe, Elmire cherche à calmer Damis. A quels mobiles obéit-elle en agissant ainsi? N'a-t-elle pas une arrière-pensée (voir les v. 1016-1020)?

- **Scène 5** — Comment prolonge-t-elle la précédente?

③ En face de son mari, **Elmire** montre la même attitude, digne et modérée, que dans la scène précédente. Pourquoi, même devant Orgon, n'accuse-t-elle pas Tartuffe et cherche-t-elle à minimiser l'incident? Pourquoi se retire-t-elle avant de connaître les « réactions » d'Orgon et de Tartuffe?

- **L'intérêt dramatique** — Les scènes 4 et 5 n'ont d'autre objet que de préparer l'entrevue d'Orgon et de Tartuffe : dans quels sentiments le spectateur attend-il cette « explication »?

④ Pourquoi Damis reste-t-il, après le départ de sa mère?

■■■

Ce sont mes sentiments; et vous n'auriez rien dit,
Damis, si j'avais eu sur vous quelque crédit.

SCÈNE VI. — ORGON, DAMIS, TARTUFFE.

ORGON. — Ce que je viens d'entendre, ô Ciel! est-il croyable?

TARTUFFE. — Oui, mon frère, je suis un méchant, un coupable,
1075 Un malheureux pécheur tout plein d'iniquité,
Le plus grand scélérat qui jamais ait été.
Chaque instant de ma vie est chargé de souillures;
Elle n'est qu'un amas de crimes et d'ordures,
Et je vois que le Ciel, pour ma punition,
1080 Me veut mortifier en cette occasion.
De quelque grand forfait qu'on me puisse reprendre,
Je n'ai garde d'avoir l'orgueil de m'en défendre.
Croyez ce qu'on vous dit, armez votre courroux,
Et comme un criminel chassez-moi de chez vous.
1085 Je ne saurais avoir tant de honte en partage
Que je n'en aie encor mérité davantage.

ORGON, *à son fils.*

— Ah! traître, oses-tu bien, par cette fausseté,
Vouloir de sa vertu ternir la pureté?

DAMIS. — Quoi! la feinte douceur de cette âme hypocrite
1090 Vous fera démentir...

ORGON. — Tais-toi, peste maudite.

TARTUFFE. — Ah! laissez-le parler; vous l'accusez à tort,
Et vous ferez bien mieux de croire à[1] son rapport.
Pourquoi sur un tel fait m'être si favorable?
Savez-vous, après tout, de quoi je suis capable?
1095 Vous fiez-vous, mon frère, à mon extérieur?
Et, pour tout ce qu'on voit[2], me croyez-vous
[meilleur?
Non, non, vous vous laissez tromper à l'apparence,
Et je ne suis rien moins[3], hélas! que ce qu'on pense.
Tout le monde me prend pour un homme de bien;
1100 Mais la vérité pure est que je ne vaux rien.
                    (*S'adressant à Damis.*)
Oui, mon cher fils, parlez; traitez-moi de perfide,
D'infâme, de perdu, de voleur, d'homicide;

---

1. Voir p. 48, n. 4. — 2. Sur les seules apparences. — 3. Sens moderne : absolument pas;
« La chose va tout autrement : ce n'est rien moins que ce que vous dites » (*Dict.* de Furetière,
1690). Mais, au XVIIᵉ s. l'expression pouvait avoir également le sens contraire : rien de
moins que.

Accablez-moi de noms encor plus détestés;
Je n'y contredis point, je les ai mérités,
1105 Et j'en veux à genoux souffrir l'ignominie,
Comme une honte due aux crimes de ma vie.

ORGON, *à Tartuffe.*
— Mon frère, c'en est trop.
                    (A son fils.)
                              Ton cœur ne se rend point,
Traître?

DAMIS.   — Quoi! ses discours[1] vous séduiront[2] au
                                              [point...

ORGON.   — Tais-toi, pendard!
                    (A Tartuffe.)
                        Mon frère, eh! levez-vous, de grâce!
                    (A son fils.)
1110 Infâme!

DAMIS.   — Il peut...

ORGON.   — Tais-toi.

DAMIS.   — J'enrage! Quoi! je passe...

ORGON. — Si tu dis un seul mot, je te romprai les bras.

TARTUFFE. — Mon frère, au nom de Dieu, ne vous emportez pas.
J'aimerais mieux souffrir la peine la plus dure
Qu'il[3] eût reçu[4] pour moi la moindre égratignure.

---

1. Propos. — 2. Abuseront. — 3. Damis. — 4. Plutôt que (je n'aimerais) *qu'il eût reçu* : brachylogie usuelle au xviiᵉ s.

- **La tactique de Tartuffe**

  ① Pourquoi ne cherche-t-il pas à se justifier? Qu'espère-t-il en affectant l'humilité chrétienne du pécheur repentant et en se chargeant de tous les crimes, sauf de celui dont on l'accuse (v. 1094-1100)? Pourquoi prend-il la défense de Damis (v. 1112-1114)?

- **L'aveuglement d'Orgon** — Rien, dans la « confession » de Tartuffe, n'est de nature à rassurer Orgon; et pourtant celui-ci est tout de suite convaincu (v. 1087) de l'innocence du faux dévot.

  ② Comment Molière a-t-il rendu vraisemblable ce coup de théâtre?

- **Les « deux visages » de Tartuffe** — Orgon ne voit que le dévot, et rapporte tout à la dévotion. Le vrai Tartuffe, l'imposteur, n'est connu que de Damis et du public. Mais l'attitude adoptée par Tartuffe lui permet de jouer les deux rôles à la fois.

  ③ Comment la sincérité même de sa « confession » sert-elle les desseins de l'imposteur? Montrez qu'il est aidé en cela par Orgon qui impose silence à son fils (v. 1109).

ORGON, *à son fils.*

¹¹¹⁵ Ingrat !

TARTUFFE. — Laissez-le ¹ en paix. S'il faut, à deux genoux
Vous demander sa grâce...

ORGON, *à Tartuffe.*

Hélas ! vous moquez-vous ?
(A son fils.)
Coquin, vois sa bonté.

DAMIS. — Donc...

ORGON. — Paix !

DAMIS. — Quoi ! je...

ORGON. — Paix ! dis-je
Je sais bien quel motif à l'attaquer t'oblige :
Vous le haïssez tous, et je vois aujourd'hui
¹¹²⁰ Femme, enfants et valets déchaînés contre lui.
On met impudemment toute chose en usage
Pour ôter de chez moi ce dévot personnage.
Mais plus on fait d'efforts afin de l'en bannir,
Plus j'en veux employer à l'y mieux retenir ;
¹¹²⁵ Et je vais me hâter de lui donner ma fille
Pour confondre ² l'orgueil de toute ma famille.

DAMIS. — A recevoir sa main on pense l'obliger ?

ORGON. — Oui, traître, et dès ce soir, pour vous faire enrager.
Ah ! je vous brave tous et vous ferai connaître
¹¹³⁰ Qu'il faut qu'on m'obéisse et que je suis le maître.
Allons, qu'on ³ se rétracte, et qu'à l'instant, fripon,
On se jette à ses pieds pour demander pardon.

DAMIS. — Qui, moi ? de ce coquin qui, par ses impostures...

ORGON. — Ah ! tu résistes, gueux, et lui dis des injures ?
¹¹³⁵ Un bâton, un bâton !
(A Tartuffe.)
Ne me retenez pas.
(A son fils.)
Sus ⁴, que de ma maison on sorte de ce pas,

---

1. L'*e* s'élide, selon l'usage classique. — 2. Voir p. 76, n. 2. — 3. Rétracte-toi ; de même, au v. 1132, *qu'on se jette* et, au v. 1136, *qu'on sorte*. Au XVIIᵉ s. le pronom *on* pouvait remplacer, à toutes les personnes, le pronom personnel. « Il s'emploie ainsi à cette heure, dit le P. Bouhours (*Entretiens d'Ariste et d'Eugène*, 1671), en parlant et en écrivant familièrement aux personnes qui nous sont égales ou inférieures ». En ce sens, on pouvait exprimer des intentions très diverses : ironie, hauteur, réserve, mépris. Par contre, au v. 1130, *on* a sa valeur propre, indéterminée. — 4. Allons ! Voir p. 46, n. 3.

Et que d'y revenir on n'ait jamais l'audace.

DAMIS.   — Oui, je sortirai, mais...

ORGON.   —   Vite, quittons la place.

Je te prive, pendard, de ma succession

1140 Et te donne, de plus, ma malédiction.

- **La progression dramatique : de la comédie au drame**
  Dans la première partie de la scène 6 (v. 1073-1117), l'intérêt dramatique naissait du renversement des rôles : d'accusé, Tartuffe devient victime, puis avocat de son accusateur, Damis, contre la véritable victime, Orgon. A partir du v. 1117, Tartuffe, parvenu à ses fins, s'efface pour laisser en présence le père et le fils : il n'interviendra plus désormais que par sa mimique et ses gestes d'apaisement à l'adresse d'Orgon (voir le jeu de scène du v. 1135). A l'issue de cette nouvelle querelle de famille, nouveau rebondissement de l'intérêt : Orgon chasse Damis. L'imposteur triomphe. Nous glissons ainsi, progressivement, de la comédie au drame. Commencée en vaudeville, la scène s'achève en tragédie.

  ① Comment cette progression dramatique se marque-t-elle dans le ton et dans le style? Comparez la querelle d'Orgon et de Damis à celle d'Harpagon et de Cléante, dans *l'Avare* (IV, 5). A propos de ces situations pénibles, qui opposent un fils à son père, commentez la définition célèbre que Musset a donnée du comique de Molière : « Quelle mâle gaieté, si triste et si profonde — Que lorsqu'on vient d'en rire, on devrait en pleurer! » (*Une soirée perdue*, 1840.)

- **Les caractères** — TARTUFFE, l'hypocrite : son habileté machiavélique; comment, sans quitter un instant son rôle de dévot, fait-il tourner à son avantage une situation singulièrement compromettante?
  — En quoi son attitude à l'égard de Damis est-elle, à ce point de vue, particulièrement adroite? Quelle science et quelle maîtrise l'imposteur montre-t-il dans « l'art du mensonge »?

  ② ORGON : en quoi est-il odieux?

  ③ Sa conduite, pour monstrueuse qu'elle soit, vous semble-t-elle justifier le reproche d'immoralité que J.-J. Rousseau adresse à Molière (*Lettre à d'Alembert*)?

  ④ DAMIS : en quoi est-il sympathique et touchant?

- **La peinture des mœurs** — Molière a souvent pris la défense des enfants opprimés par des pères maniaques et injustes.

- **La satire religieuse** — La fausse dévotion et l'hypocrisie religieuse étaient, à l'époque de Molière, un « thème » banal : (voir p. 120-123).

  ⑤ Comparez Tartuffe à Don Juan et à l'Onuphre de La Bruyère.

- **Le style** — Le langage dévot de Tartuffe et d'Orgon; les imprécations de ce dernier contre son fils, et ses supplications à l'adresse de Tartuffe.

  ⑥ Comment le rythme du dialogue traduit-il la progression du ton et s'adapte-t-il aux passions des personnages? En quoi le style de Molière est-il, avant tout, un « style de théâtre »?

Scène VII. — ORGON, TARTUFFE.

ORGON. — Offenser de la sorte une sainte personne !

TARTUFFE. — Ô Ciel ! pardonne-lui la douleur qu'il me donne [1].
(A Orgon.)
Si vous pouviez savoir avec quel déplaisir [2]
Je vois qu'envers mon frère on tâche à [3] me noircir...

ORGON. 1145 Hélas !

TARTUFFE. — Le seul penser [4] de cette ingratitude
Fait souffrir à mon âme un supplice si rude...
L'horreur que j'en conçois... J'ai le cœur si serré
Que je ne puis parler et crois que j'en mourrai.

ORGON, *il court tout en larmes à la porte par où il a chassé son fils.*
— Coquin ! je me repens que ma main t'ait fait grâce,
1150 Et ne t'ait pas d'abord assommé sur la place [5].
Remettez-vous, mon frère, et ne vous fâchez pas.

TARTUFFE. — Rompons, rompons le cours de ces fâcheux débats.
Je regarde céans quels grands troubles j'apporte,
Et crois qu'il est besoin, mon frère, que j'en sorte.

ORGON. 1155 Comment ? Vous moquez-vous ?

TARTUFFE. — On m'y hait, et je voi [6]
Qu'on cherche à vous donner des soupçons de ma foi [7].

ORGON. — Qu'importe ! Voyez-vous que mon cœur les [8] écoute ?

TARTUFFE. — On ne manquera pas de poursuivre, sans doute [9] ;
Et ces mêmes rapports, qu'ici vous rejetez,
1160 Peut-être une autre fois seront-ils écoutés.

ORGON. — Non, mon frère, jamais.

TARTUFFE. — Ah ! mon frère, une femme
Aisément d'un mari peut bien surprendre [10] l'âme.

ORGON. — Non, non.

TARTUFFE. — Laissez-moi vite, en m'éloignant d'ici,
Leur ôter tout sujet de m'attaquer ainsi.

ORGON. — 1165 Non, vous demeurerez, il y va de ma vie.

TARTUFFE. — Hé bien, il faudra donc que je me mortifie [11].

---

1. Selon Voltaire, Molière aurait d'abord écrit : « Ô Ciel, pardonne-moi comme je lui pardonne. » Mais l'allusion au *Pater* aurait été jugée sacrilège : d'où la correction, assez plate. — 2. Chagrin. — 3. Voir p. 76, n. 5. — 4. La seule pensée. — 5. Sur place. — 6. Voir p. 39, n. 5. — 7. Sincérité. — 8. *Les :* ceux qui parlent ainsi. — 9. Assurément. — 10. Abuser par surprise, tromper. — 11. *Que je me mortifie* en restant ici.

>RGON. —   Pourtant, si vous vouliez...

>RGON. —   Ah !

ARTUFFE. —   Soit, n'en parlons plus.

Mais je sais comme il faut en user là-dessus.
L'honneur est délicat, et l'amitié m'engage
1170 A prévenir les bruits et les sujets d'ombrage [1] :
Je fuirai votre épouse et vous ne me verrez...

>RGON. — Non, en dépit de tous, vous la fréquenterez.

Faire enrager le monde est ma plus grande joie,
Et je veux qu'à toute heure avec elle on vous voie.
1175 Ce n'est pas tout encor : pour les mieux braver tous,
Je ne veux point avoir d'autre héritier que vous,
Et je vais de ce pas, en fort bonne manière,
Vous faire de mon bien donation entière.
Un bon et franc ami, que pour gendre je prends,
1180 M'est bien plus cher que fils, que femme et que
           [parents.
N'accepterez-vous pas ce que je vous propose ?

'ARTUFFE. — La volonté du Ciel soit faite en toute chose [2] !

>RGON. — Le pauvre homme ! Allons vite en dresser [3] un écrit,
Et que puisse l'envie [4] en crever de dépit !

. De défiance, de soupçon. — 2. Dans ce vers encore, les dévots pouvaient voir une allusion
u *Pater :* « Que votre volonté soit faite sur la terre comme au Ciel ! » Mais ici l'allusion
st moins nette qu'au v. 1142 ; c'est pourquoi, sans doute, Molière ne l'a pas corrigée. —
. Préparer ; cf. : dresser procès-verbal. — 4. Les envieux (cf. *le Cid*, v. 185).

■■■

- **L'intérêt dramatique.** ① En quoi la scène 7 consacre-t-elle le triomphe de l'imposteur ? Quel élément nouveau ajoute-t-elle à l'intérêt (voir les v. 1177-1178) ?

- **Les caractères.** — ② Mettez en valeur l'adresse de TARTUFFE.

 ③ La naïveté d'ORGON peut paraître invraisemblable, mais peut-on attendre d'un maniaque des réactions sensées ? Comment l'unité du caractère est-elle respectée ? Discutez à ce point de vue le jugement de L. Veuillot (*Molière et Bourdaloue,* 1877) : « On ne peut imaginer Tartuffe, tel que le peint Molière, dans une autre maison que celle de l'inepte Orgon. Il n'est pas possible de forcer plus outrageusement la nature. »

 ④ En outre, ce naïf est un égoïste : son attachement pour Tartuffe est intéressé. Commentez à ce point de vue le mot révélateur du vers 1165 : *il y va de ma vie.*

 ⑤ Enfin, Orgon est un bourgeois vaniteux et obstiné, d'autant plus attaché à ses prérogatives de chef de famille qu'il se sait, en réalité, faible et désarmé en présence de Tartuffe. Comment son « autorité » se manifeste-t-elle à l'égard de son hôte ?

■■■

ACTE IV

SCÈNE PREMIÈRE. — CLÉANTE, TARTUFFE.

CLÉANTE. — [1185] Oui, tout le monde en parle et, vous m'en pouvez croire,
L'éclat [1] que fait ce bruit [2] n'est point à votre gloire
Et je vous ai trouvé, Monsieur, fort à propos
Pour vous en dire net ma pensée en deux mots
Je n'examine point à fond ce qu'on expose;
[1190] Je passe là-dessus et prends au pis la chose.
Supposons que Damis n'en ait pas bien usé,
Et que ce soit à tort qu'on vous ait accusé :
N'est-il pas d'un chrétien de pardonner l'offense
Et d'éteindre en son cœur tout désir de vengeance
[1195] Et devez-vous souffrir, pour votre démêlé,
Que du logis d'un père un fils soit exilé?
Je vous le dis encore, et parle avec franchise,
Il n'est petit ni grand qui ne s'en scandalise;
Et, si vous m'en croyez, vous pacifierez [4] tout
[1200] Et ne pousserez point les affaires à bout.
Sacrifiez à Dieu toute votre colère,
Et remettez le fils en grâce avec le père.

TARTUFFE. — Hélas! je le voudrais, quant à moi, de bon cœur
Je ne garde pour lui, Monsieur, aucune aigreur
[1205] Je lui pardonne tout, de rien je ne le blâme
Et voudrais le servir du meilleur de mon âme;
Mais l'intérêt du Ciel n'y saurait consentir,
Et, s'il rentre céans, c'est à moi d'en sortir.
Après son action, qui n'eut jamais d'égale,
[1210] Le commerce [5] entre nous porterait du scandale
Dieu sait ce que d'abord tout le monde en croirait
A pure politique [6] on me l'imputerait,
Et l'on dirait partout que, me sentant coupable
Je feins pour qui m'accuse un zèle charitable [7],
[1215] Que mon cœur l'appréhende et veut le ménager
Pour le pouvoir sous main au silence engager [8].

---

1. Le scandale; « cette affaire fait beaucoup d'*éclat* » (*Dict. de l'Acad.*, 1694). — 2. La
querelle. — 3. La *Lettre sur l'Imposteur* reproche aux dévots de ne pas pratiquer « la plu
sublime de toutes les vertus évangéliques, qui est le pardon des ennemis ». — 4. *Pacifierez*
4 syllabes. Malgré le conseil de Boileau, et contrairement à Racine, Molière conserve l'
muet, bien que celui-ci ne compte pas dans la mesure du vers. — 5. Les relations (d'ordr
intellectuel, moral ou mondain). — 6. Au calcul, à la diplomatie. — 7. Qui prend les appa
rences de la charité. — 8. Pour pouvoir, en sous main, l'engager au silence.

CLÉANTE. — Vous nous payez ici d'excuses colorées[1].
Et toutes vos raisons, Monsieur, sont trop tirées[2].
Des intérêts du Ciel pourquoi vous chargez-vous?
1220 Pour punir le coupable a-t-il besoin de nous?
Laissez-lui, laissez-lui le soin de ses vengeances;
Ne songez qu'au pardon qu'il prescrit des offenses,
Et ne regardez point aux jugements humains
Quand vous suivez du Ciel les ordres souverains.
1225 Quoi! le faible intérêt de ce qu'on pourra croire[3]
D'une bonne action empêchera la gloire?
Non, non; faisons toujours ce que le Ciel prescrit,
Et d'aucun autre soin ne nous brouillons l'esprit.

TARTUFFE. — Je vous ai déjà dit que mon cœur lui pardonne,
1230 Et c'est faire, Monsieur, ce que le Ciel ordonne;
Mais, après le scandale et l'affront d'aujourd'hui,
Le Ciel n'ordonne pas que je vive avec lui.

CLÉANTE. — Et vous ordonne-t-il, Monsieur, d'ouvrir l'oreille
A ce qu'un pur caprice à son père conseille,
1235 Et d'accepter le don qui vous est fait d'un bien
Où[4] le droit vous oblige à ne prétendre rien?

---

1. Déguisées. — 2. Forcées; cf. la locution familière, déjà usitée au XVIIe s. : *tiré par les cheveux*. — 3. De l'opinion publique, du « qu'en dira-t-on ». — 4. Sur lequel.

■■

- **L'attitude de Cléante** envers Tartuffe est-elle la même que celle de Dorine ou de Damis? ① Expliquez et justifiez les différences.
- **L'attitude de · Tartuffe** — Sans cesser de jouer son rôle de dévot, Tartuffe modifie son attitude et ne tient pas à Cléante le même langage qu'à Orgon. ② Montrez et justifiez ce changement de « méthode ».
- **Les deux « morales »** (la « casuistique » de Tartuffe). — ③ Commentez ce passage de la *Lettre sur l'Imposteur* : « La distinction subtile que le cagot fait du pardon du cœur avec celui de la conduite [voir les v. 1229 à 1232] est aussi une autre marque naturelle de ces gens-là, et un avant-goût de sa théologie qu'il expliquera ci-après, en bonne occasion. » ④ La morale cartésienne de Cléante d'après la *Lettre sur l'Imposteur* : « la religion n'est [pour Cléante] qu'une *raison plus parfaite* ».
- **Les caractères** — ⑤ CLÉANTE : Montrez l'adresse de son argumentation. Relevez les arguments *ad hominem*, les flèches ironiques à l'adresse de Tartuffe.
  ⑥ TARTUFFE : Montrez qu'il reprend à son compte les arguments de Cléante, — et jusqu'aux mots de son adversaire, pour en tirer des conclusions opposées (v. 1198 et 1210).
- **La satire religieuse** — ⑦ Comparez la « morale » de Tartuffe et celle du Jésuite de Pascal (4e et 7e *Provinciales*).

■■

TARTUFFE.

— Ceux qui me connaîtront n'auront pas la pensée
Que ce soit un effet d'une âme intéressée.
Tous les biens de ce monde ont pour moi peu d'appas,
1240 De leur éclat trompeur je ne m'éblouis pas;
Et, si je me résous à recevoir du père
Cette donation qu'il a voulu me faire,
Ce n'est, à dire vrai, que parce que je crains
Que tout ce bien ne tombe en de méchantes mains;
1245 Qu'il ne trouve des gens qui, l'ayant en partage,
En fassent dans le monde un criminel usage
Et ne s'en servent pas, ainsi que j'ai dessein,
Pour la gloire du Ciel et le bien du prochain.

CLÉANTE.

— Eh! Monsieur, n'ayez point ces délicates craintes,
1250 Qui d'un juste [1] héritier peuvent causer les plaintes.
Souffrez, sans vouloir embarrasser de rien,
Qu'il soit, à ses périls, possesseur de son bien;
Et songez qu'il vaut mieux encor qu'il en mésuse
Que si de l'en frustrer il faut qu'on vous accuse.
1255 J'admire [2] seulement que sans confusion
Vous en ayez souffert la proposition;
Car, enfin, le vrai zèle [3] a-t-il quelque maxime
Qui montre à dépouiller l'héritier légitime?
Et, s'il faut que le Ciel dans votre cœur ait mis
1260 Un invincible obstacle à vivre avec Damis,
Ne vaudrait-il pas mieux qu'en personne discrète
Vous fissiez de céans une honnête retraite
Que de souffrir ainsi, contre toute raison,
Qu'on en chasse pour vous le fils de la maison?
1265 Croyez-moi, c'est donner, de votre prud'homie [4],
Monsieur...

TARTUFFE.

—   Il est, Monsieur, trois heures et demie :
Certain devoir pieux me demande là-haut,
Et vous m'excuserez de vous quitter sitôt.

CLÉANTE, *seul.*

— Ah [5]!

SCÈNE II. — ELMIRE, MARIANE, DORINE,
CLÉANTE.

DORINE, *à Cléante.*

—   De grâce, avec nous employez-vous pour elle,
1270 Monsieur : son âme souffre une douleur mortelle,

_____

1. Légitime. — 2. Je m'étonne. — 3. Piété, ferveur religieuse (voir le v. 305). — 4. Probité, loyauté. — 5. Exclamation de surprise et d'irritation.

Et l'accord que son père a conclu pour ce soir
La fait, à tous moments, entrer en désespoir.
Il va venir; joignons nos efforts, je vous prie,
Et tâchons d'ébranler, de force ou d'industrie[1],
1275 Ce malheureux dessein qui nous a tous troublés.

---

1. Par adresse.

● **Scène 1** (v. 1233-1269) : **le dévot aventurier**

— **Tactique de Cléante.** Jusqu'au v. 1232, il s'est efforcé d'obtenir de
Tartuffe le pardon de Damis : pour cela, il a fait appel aux sentiments
« chrétiens » de l'imposteur, en feignant de voir en lui un dévot sincère.
Devant l'échec de son stratagème, Cléante jette le masque et change de
tactique : il attaque maintenant l'aventurier, au nom de la morale
naturelle et de la justice; il reproche à Tartuffe d'avoir accepté, au mépris
des lois et de la probité, une donation qui frustre d'un bien légitime
les héritiers d'Orgon (v. 1178). Ainsi placée sur le plan humain et juridique, la position de Cléante semble très forte.

— **Tactique de Tartuffe.** Mais Tartuffe ne se laisse pas déconcenancer
par cette attaque directe qui le met, à son tour, en posture d'accusé.
Bien plus, pour justifier son escroquerie, il va recourir à des prétextes
religieux et jouer, jusqu'au bout, son personnage de dévot.

① Appréciez la valeur de ses arguments (v. 1237-1248). En quoi un tel
cynisme est-il conforme au caractère de l' « imposteur »? A quels para-
doxes, à quelles contradictions est-il amené pour concilier ses desseins
d'aventurier sans scrupules et le rôle pieux qu'il s'est composé? Commentez, à ce point de vue, ce jugement d'Alfred Simon (*Molière par
lui-même*, p. 96) : « Tartuffe, sorti de lui-même, se réfugie dans un nouveau
personnage qui prendra forme dans la maison d'Orgon. Il est l'étranger,
mais cette maison doit devenir sienne; le gueux, mais il doit jouir du
confort bourgeois en invectivant contre lui; le scélérat, mais il sera
d'autant plus exigeant pour la vertu sincère qui règne en ces lieux...
En un jeu vertigineux, Tartuffe reste suspendu entre son être et son
personnage, incapable de revenir à l'un ou d'atteindre l'autre. »

● **La scène 2** — Simple transition, destinée à préparer l'arrivée d'Orgon.
Cléante, seul, a échoué auprès de Tartuffe. Va-t-il réussir auprès d'Orgon,
avec le secours d'Elmire et de Dorine? — Dans *l'Imposteur* de 1667,
à la fin de l'acte II, Elmire, Dorine et Cléante se concertaient pour
préparer l'entrevue d'Elmire et de Panulphe.

② Pourquoi, dans *le Tartuffe* de 1669, Molière a-t-il laissé prendre à
Elmire l'initiative de cette entrevue?

SCÈNE III. — ORGON, ELMIRE, MARIANE,
CLÉANTE, DORINE.

ORGON. — Ah! je me réjouis de vous voir assemblés.
(A Mariane.)
Je porte en ce contrat [1] de quoi vous faire rire,
Et vous savez déjà ce que cela veut dire.

MARIANE, *à genoux.*

— Mon père, au nom du Ciel, qui connaît ma douleur,
1280 Et par tout ce qui peut émouvoir votre cœur,
Relâchez-vous un peu des droits de la naissance [2],
Et dispensez mes vœux [3] de cette obéissance.
Ne me réduisez point, par cette dure loi,
Jusqu'à me plaindre au Ciel de ce que je vous doi [4];
1285 Et cette vie, hélas! que vous m'avez donnée,
Ne me la rendez pas, mon père, infortunée.
Si, contre un doux espoir que j'avais pu former,
Vous me défendez d'être à ce que j'ose aimer,
Au moins, par vos bontés, qu'à vos genoux j'implore,
1290 Sauvez-moi du tourment d'être à ce que j'abhorre,
Et ne me portez point à quelque désespoir,
En vous servant sur moi de tout votre pouvoir.

ORGON, *se sentant attendrir.*

— Allons, ferme, mon cœur! point de faiblesse humaine [5]!

MARIANE. — Vos tendresses pour lui [6] ne me font point de peine;
1295 Faites-les éclater, donnez-lui votre bien,
Et, si ce n'est assez, joignez-y tout le mien.
J'y consens de bon cœur, et je vous l'abandonne;
Mais au moins n'allez pas jusques à ma personne,
Et souffrez qu'un couvent [7], dans les austérités,
1300 Use les tristes jours que le Ciel m'a comptés.

ORGON. — Ah! voilà justement de [8] mes religieuses,
Lorsqu'un père combat leurs flammes amoureuses!
Debout! Plus votre cœur répugne à l'accepter,
Plus ce sera pour vous matière à mériter [9].
1305 Mortifiez vos sens avec ce mariage,
Et ne me rompez pas la tête davantage.

---

1. Le *contrat* de mariage entre Tartuffe et Mariane. — 2. *Les droits* du père sur ses enfants. — 3. Mon inclination amoureuse (pour Valère); voir le v. 456. — 4. Voir p. 39, n. 5. — 5. Dans cet aparté, Orgon, naturellement sensible et faible, se souvient des « leçons » de Tartuffe (v. 275-279). — 6. Mariane évite de nommer Tartuffe, dont le nom seul lui fait horreur. — 7. Ancienne forme étymologique de : couvent. — 8. *De :* emploi explétif (par suite de l'affaiblissement progressif du sens propre : voir le v. 35). — 9. A gagner des mérites en vue du bonheur éternel.

DORINE.   — Mais quoi !...

ORGON.   —   Taisez-vous, vous ; parlez à votre écot [1].
Je vous défends tout net d'oser dire un seul mot.

CLÉANTE.   — Si par quelque conseil vous souffrez qu'on réponde...

ORGON.   1310 Mon frère, vos conseils sont les meilleurs du monde :
Ils sont bien raisonnés, et j'en fais un grand cas ;
Mais vous trouverez bon que je n'en use pas.

ELMIRE, *à son mari.*

— A voir ce que je vois, je ne sais plus que dire,
Et votre aveuglement fait que je vous admire.
1315 C'est être bien coiffé [2], bien prévenu de lui,
Que de nous démentir sur le fait d'aujourd'hui.

ORGON.   — Je suis votre valet [3] et crois les apparences [4].
Pour mon fripon de fils je sais vos complaisances,
Et vous avez eu peur de le désavouer
1320 Du trait [5] qu'à ce pauvre homme il a voulu jouer.
Vous étiez trop tranquille enfin pour être crue,
Et vous auriez paru d'autre manière émue.

ELMIRE.   — Est-ce qu'au simple aveu d'un amoureux transport
Il faut que notre honneur se gendarme [6] si fort ?
1325 Et ne peut-on répondre à tout ce qui le touche
Que le feu dans les yeux et l'injure à la bouche ?
Pour moi, de tels propos je me ris simplement,
Et l'éclat [7] là-dessus ne me plaît nullement.
J'aime qu'avec douceur nous nous montrions sages
1330 Et ne suis point du tout pour ces prudes sauvages
Dont l'honneur est armé de griffes et de dents
Et veut au moindre mot dévisager [8] les gens ;
Me préserve le Ciel d'une telle sagesse !
Je veux une vertu qui ne soit point diablesse [9],
1335 Et crois que d'un refus la discrète froideur
N'en est pas moins puissante à rebuter un cœur.

ORGON.   — Enfin, je sais l'affaire, et ne prends point le change [10].

ELMIRE.   — J'admire, encore un coup, cette faiblesse étrange.

---

1. Au sens propre » compagnie de convives dont chacun paie sa quote-part ; « on dit proverbialement à ceux qui viennent interrompre l'entretien d'autres gens *Parlez à votre écot*, pour dire : Allez entretenir votre compagnie » (*Dict.* de Furetière, 1690). — 2. Voir p. 33, n. 2. — 3. Formule polie pour signifier que l'on n'est pas d'accord avec quelqu'un. — 4. Les vers suivants précisent ces *apparences* qui plaident en faveur de Tartuffe. — 5. « Mauvais tour » *Dict.* de Furetière, 1690). — 6. S'offusque. — 7. La manifestation bruyante d'un sentiment. — 8. « Défigurer, gâter le visage » (*Dict. de l'Acad.*, 1694). — 9. Acariâtre ; surtout employé comme nom ; comme adjectif, est toujours « du style le plus simple » (*Dict.* de Richelet, 1680). — 10. Terme de chasse qui se dit proprement des chiens quand ils se lancent sur une fausse piste.

		Mais que me répondrait votre incrédulité,
	1340	Si je vous faisais voir qu'on vous dit vérité ?
ORGON.	—	Voir ?
ELMIRE.	—	Oui.
ORGON.	—	Chansons !
ELMIRE.	—	Mais quoi ! si je trouvais manièr
		De vous le faire voir avec pleine lumière ?...
ORGON.	—	Contes en l'air !
ELMIRE.	—	Quel homme ! Au moins répondez-moi
		Je ne vous parle pas de nous ajouter foi ;
	1345	Mais supposons ici que, d'un lieu qu'on peut prendre
		On vous fît clairement tout voir et tout entendre
		Que diriez-vous alors de votre homme de bien ?
ORGON.	—	En ce cas je dirais que... Je ne dirais rien,
		Car cela ne se peut.
ELMIRE.	—	L'erreur trop longtemps dure
	1350	Et c'est trop condamner [2] ma bouche d'imposture
		Il faut que, par plaisir, et sans aller plus loin
		De tout ce qu'on vous dit je vous fasse témoin.
ORGON.	—	Soit, je vous prends au mot. Nous verrons votr
		[adresse
		Et comment vous pourrez remplir cette promesse
ELMIRE, *à Dorine.*		
	1355	Faites-le-moi venir.
DORINE, *à Elmire.*	—	Son esprit est rusé,
		Et peut-être à surprendre il sera malaisé.
ELMIRE.	—	Non ; on est aisément dupé par ce qu'on aime,
		Et l'amour-propre engage à se tromper soi-même
		Faites-le-moi descendre.
		(Parlant à Cléante et à Mariane.)
		Et vous, retirez-vous.

SCÈNE IV. — ELMIRE, ORGON.

ELMIRE.	1360	Approchons cette table, et vous mettez [3] dessous
ORGON.	—	Comment ?
ELMIRE.	—	Vous bien cacher est un point nécessaire.
ORGON.	—	Pourquoi sous cette table ?
ELMIRE.	—	Ah ! mon Dieu ! laissez faire

---

1. Choisir. — 2. Taxer, « accuser » de quelque défaut (*Dict.* de Richelet, 1680). — 3. Mettez-
vous ; le pronom complément d'un impératif se plaçait régulièrement avant le verbe, au
XVIIᵉ s.

J'ai mon dessein en tête, et vous en jugerez.

Mettez-vous là, vous dis-je; et, quand vous y serez,

1365 Gardez[1] qu'on ne vous voie et qu'on ne vous
[entende.

ORGON. — Je confesse qu'ici ma complaisance est grande;

Mais de votre entreprise il vous faut voir sortir.

ELMIRE. — Vous n'aurez, que[2] je crois, rien à me repartir.

(A son mari, qui est sous la table.)

Au moins, je vais toucher une étrange matière[3];

1370 Ne vous scandalisez en aucune manière.

Quoi que je puisse dire, il[4] doit m'être permis,

Et c'est pour vous convaincre, ainsi que j'ai promis.

Je vais par des douceurs, puisque j'y suis réduite,

Faire poser le masque à cette âme hypocrite,

1375 Flatter de son amour les désirs effrontés

Et donner un champ libre à ses témérités.

Comme c'est pour vous seul, et pour mieux le con-
[fondre,

Que mon âme à ses vœux va feindre de répondre,

J'aurai lieu de cesser dès que vous vous rendrez[5],

1380 Et les choses n'iront que jusqu'où vous voudrez.

C'est à vous d'arrêter son ardeur insensée

Quand vous croirez l'affaire assez avant poussée,

D'épargner votre femme et de ne m'exposer

Qu'à ce qu'il vous faudra pour vous désabuser.

1385 Ce sont vos intérêts, vous en serez le maître,

Et... L'on vient; tenez-vous et gardez de paraître.

---

1. Prenez *garde.* — 2. Voir p. 39, n. 4. — 3. Aborder un *étrange* sujet de conversation. — 4. Cela. — 5. *Dès que* vous vous avouerez vaincu.

■■■

- **La scène 3** (v. 1341-1359) — Le stratagème d'Elmire peut paraître indigne d'elle. Comment s'explique-t-il cependant?

  ① En quoi Elmire se montre-t-elle psychologue dans les v. 1357-1358? Cf. *Lettre sur l'Imposteur :* « La dame répond divinement qu'on est facilement trompé par ce qu'on aime : principe qu'elle prouve admirablement, dans la suite, par expérience, et que le poète a jeté exprès en avant pour rendre plus vraisemblable ce qu'on doit voir. »

- **La scène 4** (v. 1369-1385) — ② Commentez ce jugement d'A. Martin (1786-1847) : « La pudeur d'Elmire rend cette préparation nécessaire, et la délicatesse du public la commande » (P. Clarac, *Tartuffe*, p. 110).

■■■

SCÈNE V. — TARTUFFE, ELMIRE,
ORGON, *caché sous la table.*

TARTUFFE.	— On m'a dit qu'en ce lieu vous me vouliez parler.
ELMIRE.	— Oui, l'on a des secrets à vous y révéler.

        Mais tirez cette porte avant qu'on vous les dise,
1390 Et regardez partout de crainte de surprise :
        (Tartuffe va fermer la porte et revient.)
        Une affaire pareille à celle de tantôt[1]
        N'est pas assurément ici ce qu'il nous faut.
        Jamais il ne s'est vu de surprise de même[2];
        Damis m'a fait pour vous une frayeur extrême,
1395 Et vous avez bien vu que j'ai fait mes efforts
        Pour rompre son dessein et calmer ses transports.
        De mon trouble, il est vrai, j'étais si possédée[3]
        Que de le démentir je n'ai point eu l'idée;
        Mais, par là, grâce au Ciel, tout a bien mieux été,
1400 Et les choses en sont dans[4] plus de sûreté.
        L'estime où l'on vous tient a dissipé l'orage,
        Et mon mari de vous ne peut prendre d'ombrage.
        Pour mieux braver l'éclat des mauvais jugements,
        Il veut que nous soyons ensemble à tous moments[5];
1405 Et c'est par où[6] je puis, sans peur d'être blâmée,
        Me trouver ici seule avec vous enfermée,
        Et ce qui m'autorise à vous ouvrir un cœur
        Un peu trop prompt peut-être à souffrir votre ardeur.

TARTUFFE.   — Ce langage à comprendre est assez difficile,
1410 Madame, et vous parliez tantôt[7] d'un autre style.

ELMIRE.   — Ah! si d'un tel refus[8] vous êtes en courroux,
        Que le cœur d'une femme est mal connu de vous!
        Et que vous savez peu ce qu'il veut faire entendre
        Lorsque si faiblement on le voit se défendre!
1415 Toujours notre pudeur combat, dans ces moments,
        Ce qu'on peut nous donner de tendres sentiments.
        Quelque raison qu'on trouve à l'amour qui nous
              [dompte,
        On trouve à l'avouer toujours un peu de honte.

---

1. Tout à l'heure (en parlant du passé). — 2. Semblable. — 3. Vers 1397, selon les premières éditions : « Mon trouble, il est bien vrai, m'a si fort possédée. » — 4. « En » (éd. de 1682). — 5. Voir le v. 1174 : « ORGON (*s'adressant à Tartuffe*). Et je veux qu'à toute heure avec elle on vous voie. » — 6. Grâce à quoi; au XVIIᵉ s., le pronom *où* pouvait toujours s'employer à la place de *quoi*. — 7. Voir la n. 1. — 8. Le *refus* opposé par Elmire aux avances de Tartuffe, à la scène 4 de l'acte III.

On s'en défend d'abord; mais, de l'air qu'on s'y
[prend,
1420 On fait connaître assez que notre cœur se rend,
Qu'à nos vœux, par honneur, notre bouche s'oppose,
Et que de tels refus promettent toute chose.
C'est vous faire, sans doute, un assez libre aveu
Et sur notre pudeur me ménager[1] bien peu;
1425 Mais, puisque la parole enfin en est lâchée,
A retenir Damis me serais-je attachée?
Aurais-je, je vous prie, avec tant de douceur
Écouté tout au long l'offre de votre cœur?
Aurais-je pris la chose ainsi qu'on m'a vu faire,
1430 Si l'offre de ce cœur n'eût eu de quoi me plaire[2]?
Et lorsque j'ai voulu moi-même vous forcer
A refuser l'hymen qu'on venait d'annoncer,
Qu'est-ce que cette instance[3] a dû vous faire en-
[tendre[4]
Que[5] l'intérêt qu'en vous on s'avise de prendre,
1435 Et l'ennui qu'on aurait que ce nœud qu'on résout[6]
Vînt partager du moins un cœur que l'on veut
[tout[7]?

---

1. *C'est* montrer bien peu de mesure, de retenue. — 2, Elmire tire habilement avantage de la patience qu'elle a manifestée à l'égard de Tartuffe, à la scène 4 de l'acte III. — 3. Cette prière. Voir p. 70, n. 4. — 4. Comprendre. — 5. Si ce n'est. — 6. Ce mariage *résolu* (décidé) entre Mariane et vous. — 7. Tout entier. *On* désigne Elmire au v. 1436 comme au v. 1434, et Orgon au v. 1435.

■■

- ● **Travaux d'approche** — ① Comment Elmire met-elle Tartuffe en confiance? Montrez avec quelle adresse elle sait tirer parti de la réserve qu'elle a précédemment (III, 4) manifestée à l'égard de l'« imposteur ».

- ● **La vraisemblance** — ② Comment Molière a-t-il rendu vraisemblable la mystification de l'hypocrite? Cf. la *Lettre sur l'Imposteur*: « Prévoyant cette scène comme devant être son chef-d'œuvre, il [Molière] a disposé les choses admirablement pour la rendre parfaitement vraisemblable. C'est ce qu'il serait inutile d'expliquer, parce que tout cela paraît très clairement par le discours même de la dame [1388-1436], qui se sert merveilleusement de tous les avantages de son sujet et de la disposition présente des choses pour faire donner l'hypocrite dans le panneau. »

- ● **Le caractère d'Elmire** — ③ Commentez ce jugement d'A. Simon (*op. cit.*, p. 96) : « Elmire représente la féminité exquise [...].Elle seule peut déconcerter à l'instant décisif *l'âme de toutes la plus concertée*. »

■■

TARTUFFE.

— C'est sans doute, Madame, une douceur extrême
Que d'entendre ces mots d'une bouche qu'on aime;
Leur miel dans tous mes sens fait couler à longs traits
1440 Une suavité qu'on ne goûta jamais.
Le bonheur de vous plaire est ma suprême étude,
Et mon cœur de vos vœux[1] fait sa béatitude[2];
Mais ce cœur vous demande ici la liberté
D'oser douter un peu de sa félicité.
1445 Je puis croire ces mots un artifice honnête
Pour m'obliger à rompre un hymen qui s'apprête;
Et, s'il faut librement m'expliquer avec vous,
Je ne me fierai[3] point à des propos si doux
Qu'[4] un peu de vos faveurs, après quoi je soupire,
1450 Ne vienne m'assurer tout ce qu'ils m'ont pu dire
Et planter dans mon âme une constante foi
Des charmantes[5] bontés que vous avez pour moi.

ELMIRE, *elle tousse pour avertir son mari.*

— Quoi! vous voulez aller avec cette vitesse
Et d'un cœur tout d'abord épuiser la tendresse?
1455 On se tue à vous faire un aveu des plus doux;
Cependant ce n'est pas encore assez pour vous,
Et l'on ne peut aller jusqu'à vous satisfaire
Qu'[6] aux dernières faveurs on ne pousse l'affaire?

TARTUFFE.

— Moins on mérite un bien, moins on l'ose espérer.
1460 Nos vœux sur des discours ont peine à s'assurer.
On soupçonne[7] aisément un sort tout plein de gloire,
Et l'on veut en jouir avant que de le croire.
Pour moi, qui crois si peu mériter vos bontés,
Je doute du bonheur de mes témérités[8],
1465 Et je ne croirai rien que[9] vous n'ayez, Madame,
Par des réalités su convaincre ma flamme.

ELMIRE.

— Mon Dieu! que votre amour en vrai tyran agit,
Et qu'en un trouble étrange il me jette l'esprit!

---

1. Voir p. 88, n. 3. Tartuffe veut dire : Mon cœur trouve son suprême bonheur à combler vos vœux. — 2. Le mot *béatitude*, comme *félicité* au v. 1444, appartient au vocabulaire de la dévotion mystique. — 3. Deux syllabes; voir p. 84, n. 4. — 4. A moins que. — 5. Sens fort : voir les v. 263 et 972. — 6. A moins que, sans que; voir la n. 4. — 7. On suspecte. — 8. Les v. 1459-1464 sont repris, avec quelques variantes, de *Dom Garcie de Navarre* (v. 654-659). — 9. Avant que; au xviiᵉ s., *que* pouvait remplacer n'importe quelle locution conjonctive formée avec ce mot, même si cette locution n'était pas précédemment exprimée.

Que sur les cœurs il prend un furieux empire,
1470 Et qu'avec violence il veut ce qu'il désire !
Quoi ! de votre poursuite on ne peut se parer[1],
Et vous ne donnez pas le temps de respirer ?
Sied-il bien de tenir une rigueur si grande,
De vouloir sans quartier[2] les choses qu'on demande,
1475 Et d'abuser ainsi, par vos efforts pressants,
Du faible que pour vous voyez qu'ont les gens ?

TARTUFFE. — Mais, si d'un œil bénin[3] vous voyez mes hommages,
Pourquoi m'en refuser d'assurés témoignages ?

ELMIRE. — Mais comment consentir à ce que vous voulez
1480 Sans offenser le Ciel, dont toujours vous parlez ?

TARTUFFE. — Si ce n'est que le Ciel qu'à mes vœux on oppose,
Lever un tel obstacle est à moi[4] peu de chose,
Et cela ne doit pas retenir votre cœur.

ELMIRE. — Mais des arrêts[5] du Ciel on nous fait tant de peur[6] !

---

1. Se garder, voir le v. 793. — 2. Rémission (terme militaire). — 3. « Doux, favorable, humain [...] : se dit en parlant des astres et des cieux » (*Dict.* de Richelet, 1680). Déjà vieux, et réservé à la langue dévote, en 1669; condamné par Vaugelas, ainsi que le dérivé *bénignité* (*Remarques sur la langue française*, 1647). — 4. Pour *moi*. — 5. Décisions. — 6. Molière vise ici le rigorisme janséniste, aussi blâmable à ses yeux que l'hypocrisie des casuistes.

■■

- **Elmire à l'épreuve** (v. 1436-1452) — Aux avances d'Elmire, Tartuffe réplique par une sorte de chantage : sous prétexte de mettre sa sincérité à l'épreuve (v. 1445), il exige, en termes de plus en plus précis, qu'Elmire lui sacrifie son honneur. ① Montrez comment ce marché, vulgaire et cynique, est présenté sur le ton précieux de la galanterie mondaine.

- **Elmire en péril** — Ainsi poussée dans ses derniers retranchements, elle est réduite à la défensive. ② Quels moyens emploie-t-elle afin de gagner du temps, sans réveiller la méfiance de Tartuffe? Montrez l'habileté de l'argumentation (v. 1453-1458 et 1484). — Comment s'explique le mutisme d'Orgon?

- **Tartuffe jette le masque** (v. 1459-1466) — La résistance d'Elmire a pour effet d'exaspérer Tartuffe, qui perd peu à peu son sang-froid et commence à commettre des imprudences. — Comment cette irritation progressive de la passion se traduit-elle, chez Tartuffe, par un langage nouveau, où la galanterie se mêle au style « dévot »? — En quoi Tartuffe est-il à la fois odieux et « pitoyable »? ③ Comparez la première et la deuxième entrevue d'Elmire et de Tartuffe (III, 3 et IV, 5): situation, caractères et style.

■■

TARTUFFE.   ¹⁴⁸⁵ Je puis vous dissiper ces craintes ridicules,
                   Madame, et je sais l'art de lever les scrupules.
                   Le Ciel défend, de vrai[1], certains contentements
                         (C'est un scélérat qui parle[2].)
                   Mais on trouve avec lui des accommodements.
                   Selon divers besoins, il est une science
          ¹⁴⁹⁰ D'étendre les liens de notre conscience,
                   Et de rectifier le mal de l'action
                   Avec la pureté de notre intention[3].
                   De ces secrets, Madame, on saura vous instruire
                   Vous n'avez seulement qu'à vous laisser conduire
          ¹⁴⁹⁵ Contentez mon désir, et n'ayez point d'effroi;
                   Je vous réponds de tout et prends le mal sur moi
                       (Elmire tousse plus fort.)
                   Vous toussez fort, Madame.

ELMIRE.   —   Oui, je suis au supplice

TARTUFFE, *présentant à Elmire un cornet de papier.*
                — Vous plaît-il un morceau de ce jus de réglisse?

ELMIRE.   — C'est un rhume obstiné, sans doute, et je vois bien
          ¹⁵⁰⁰ Que tous les jus du monde ici ne feront rien.

TARTUFFE.   — Cela, certe[4], est fâcheux.

ELMIRE.   —   Oui, plus qu'on ne peut dire

TARTUFFE.   — Enfin votre scrupule est facile à détruire :
                   Vous êtes assurée ici d'un plein secret,
                   Et le mal n'est jamais que dans l'éclat qu'on fait
          ¹⁵⁰⁵ Le scandale du monde est ce qui fait l'offense,
                   Et ce n'est pas pécher que pécher en silence[5].

ELMIRE, *après avoir encore toussé.*
                — Enfin je vois qu'il faut se résoudre à céder,
                   Qu'il faut que je consente à vous tout accorder,
                   Et qu'à moins de cela je ne dois point prétendre
          ¹⁵¹⁰ Qu'on puisse être content et qu'on veuille se rendre
                   Sans doute, il est fâcheux d'en venir jusque-là,
                   Et c'est bien malgré moi que je franchis cela;
                   Mais, puisque l'on s'obstine à m'y vouloir réduire
                   Puisqu'on ne veut point croire à tout ce qu'on peut
                       [dire

---

1. Il est vrai. — 2. Cette indication, qui figure dans l'éd. Vinot-Lagrange (1682), est vrai semblablement destinée à prévenir les critiques de la « cabale ». — 3. Allusion à la « direction de l'intention » des casuistes, attaquée par Pascal dans la 7ᵉ *Provinciale*. — 4. Licence poétique pour : certes. Déjà vieux au XVIIᵉ s., selon Richelet. — 5. Voir la Préface (p. 13 l. 85) : « Mais il [Tartuffe] débite au quatrième acte une morale pernicieuse. »

Mise en scène d'Antoine Vitez, 1978.

Mise en scène de Roger Planchon, 1977. Les personnages sont précipités dans des trappes. Le sol est jonché de papiers familiaux que les policiers ont fait voler en l'air.

¹⁵¹⁵ Et qu'on veut des témoins qui soient plus convain
[cants

Il faut bien s'y résoudre et contenter les gens.
Si ce consentement porte en soi quelque offense
Tant pis pour qui me force à cette violence;
La faute assurément n'en doit pas être à moi [1].

TARTUFFE. — ¹⁵²⁰ Oui, Madame, on s'en charge, et la chose de soi..

ELMIRE. — Ouvrez un peu la porte et voyez, je vous prie,
Si mon mari n'est point dans cette galerie.

TARTUFFE. — Qu'est-il besoin pour lui du soin que vous prenez
C'est un homme, entre nous, à mener par le nez
¹⁵²⁵ De tous nos entretiens il est pour [2] faire gloire [3]
Et je l'ai mis au point de voir tout sans rien croire [4]

ELMIRE. — Il n'importe. Sortez, je vous prie, un moment,
Et partout, là dehors, voyez exactement.

Scène VI. — ORGON, ELMIRE.

ORGON, *sortant de dessous la table*.

— Voilà, je vous l'avoue, un abominable homme !
¹⁵³⁰ Je n'en puis revenir, et tout ceci m'assomme [5].

ELMIRE. — Quoi ! vous sortez si tôt ? Vous vous moquez des gens
Rentrez sous le tapis, il n'est pas encor temps;
Attendez jusqu'au bout pour voir les choses sûres
Et ne vous fiez point aux simples conjectures.

ORGON. — ¹⁵³⁵ Non, rien de plus méchant n'est sorti de l'enfer.

ELMIRE. — Mon Dieu ! l'on ne doit point croire trop de léger [6]
Laissez-vous bien convaincre avant que de vou
[rendre
Et ne vous hâtez point, de peur de vous méprendre
(Elle fait mettre son mari derrière elle.)

Scène VII. — TARTUFFE, ELMIRE, ORGON.

TARTUFFE, *sans voir Orgon*.

— Tout conspire, Madame, à mon contentement
¹⁵⁴⁰ J'ai visité de l'œil tout cet appartement;
Personne ne s'y trouve, et mon âme ravie...

---

1. Toute cette tirade (v. 1507-1519), qui est adressée apparemment à Tartuffe, s'adress
en réalité à Orgon, directement visé dans les deux derniers vers. — 2. Il est homme à
— 3. Tirer vanité. — 4. Voir le commentaire, p. 99. — 5. « Se dit en morale de
choses qui abattent l'esprit » (*Dict.* de Furetière, 1690). — 6. A la légère. Observer la rim
« normande ».

ORGON, *en l'arrêtant.*

> — Tout doux ! vous suivez trop votre amoureuse envie,
> Et vous ne devez pas vous tant passionner [1].
> Ah ! ah ! l'homme de bien, vous m'en voulez donner [2] !
> 1545 Comme aux tentations [3] s'abandonne votre âme !
> Vous épousiez ma fille et convoitiez ma femme !
> J'ai douté fort longtemps que ce fût tout de bon [4],
> Et je croyais toujours qu'on changerait de ton ;

---

1. Vous abandonner à votre joie : « on le dit plus ordinairement avec le pronom person-nel » qu'à la forme intransitive (Furetière). — 2. Me tromper. L'expression complète est : *en donner à garder;* « se dit [au sens propre] d'une personne à qui l'on donne à garder les manteaux, le mulet, les balles [ballots]... pendant qu'on va s'amuser soi-même ». *Dict. de l'Acad.,* 1694). — 3. Quatre syllabes (diérèse). — 4. Sérieusement.

● **L'imposteur démasqué**

A propos des vers 1523-1526, l'auteur de la *Lettre sur l'Imposteur* loue Molière d'avoir estimé que « c'était la dernière corde qu'il fallait faire jouer » et que « le bonhomme [Orgon] souffrirait plus impatiemment d'être traité de ridicule que de lui voir cajoler sa femme ».
① Commentez ce jugement de G. Lanson (*op. cit.,* p. 518) : « Voilà Tartuffe, le maître hypocrite [...]. Même les âmes pures sont viciées à ce contact, et la douce Elmire en vient à jouer un jeu après lequel son mari doit demeurer à jamais avili à ses yeux. »

● **Le comique**

⑥ Étudiez les diverses formes et les différentes valeurs du comique, en vous appuyant sur ce jugement de M. Van Tieghem (*Histoire de la littérature française,* p. 166) : « Certes, Molière ne dédaigne pas de faire rire par toutes sortes de situations, de mots, de gestes, qui sont sans rapport avec le caractère moral de l'homme : il connaissait trop son métier pour négliger ces procédés. Mais son génie comique est d'imaginer des situations de détail telles que le personnage soit contraint de se révéler par ses paroles ou sa conduite. »

● **L'intérêt dramatique** — « Voici donc le fourbe démasqué aux yeux d'Orgon, le but que poursuivait Elmire est atteint. Il aura fallu quatre actes pour arriver à ce résultat. Maintenant le traître doit être puni, mais il faut surtout qu'Orgon et les spectateurs reçoivent la leçon morale qu'on peut tirer des multiples incidents qui se sont déroulés sous nos yeux. Molière va user une fois de plus de l'action et de ses rebondisse-ments pour nous éclairer et nous convaincre. Le rire s'arrête brusque-ment et cède la place à la méditation. Tartuffe nous révoltait. Il nous répugne à présent... » Commentez ce jugement de Fernand Ledoux (*Le Tartuffe,* p. 209), en étudiant la progression de l'action dramatique, et l'évolution de Tartuffe au cours du quatrième acte.

Mais c'est assez avant[1] pousser le témoignage :
1550 Je m'y tiens et n'en veux, pour moi, pas davantage

ELMIRE, *à Tartuffe*.

— C'est contre mon humeur que j'ai fait tout ceci;
Mais on m'a mise au point de[2] vous traiter ainsi[3].

TARTUFFE. — Quoi! vous croyez[4]...

ORGON. — Allons, point de bruit, je vous prie
Dénichons de céans, et sans cérémonie.

TARTUFFE. 1555 Mon dessein...

ORGON. — Ces discours ne sont plus de saison
Il faut, tout sur-le-champ, sortir de la maison.

TARTUFFE. — C'est à vous d'en sortir, vous qui parlez en maître[5]
La maison m'appartient, je le ferai connaître
Et vous montrerai bien qu'en vain on a recours,
1560 Pour me chercher querelle, à ces lâches détours,
Qu'on n'est pas où l'on pense[6] en me faisant injure
Que j'ai de quoi[7] confondre et punir l'imposture
Venger le Ciel qu'on blesse, et faire repentir
Ceux qui parlent ici de me faire sortir.

SCÈNE VIII. — ELMIRE, ORGON.

ELMIRE. 1565 Quel est donc ce langage, et qu'est-ce qu'il veut dire?

ORGON. — Ma foi, je suis confus, et n'ai pas lieu de rire.

ELMIRE. — Comment?

ORGON. — Je vois ma faute aux choses qu'il me dit
Et la donation[8] m'embarrasse l'esprit.

ELMIRE. — La donation?

ORGON. — Oui, c'est une affaire faite.
1570 Mais j'ai quelque autre chose encor qui m'inquiète

ELMIRE. — Et quoi?

ORGON. — Vous saurez tout; mais voyons au plus tôt
Si certaine cassette est encore là-haut[9].

---

1. Assez loin; au figuré, « prend toujours devant soi quelque particule, comme : *bien plus, fort, si, trop*, etc ». (*Dict. de l'Acad.*, 1694). — 2. Dans une situation telle que j'étais obligée de... — 3. « La dame, conservant toujours le caractère d'honnêteté qu'elle a fait voir jusqu'ici, paraît honteuse de la fourbe [fourberie] qu'elle a faite au bigot » (*Lettre sur l'Imposteur*). — 4. Tartuffe s'adresse à Orgon et tente un ultime effort pour lui donner le change. — 5. Tartuffe se décide enfin à jeter le masque. — 6. Dans la situation où l'on croit être. — 7. Allusion à la cassette d'Argas : voir la scène suivante et les v 1579-1583. — 8. Quatre syllabes : diérèse. Orgon se repent de son imprudence : dans sa colère, il avait oublié la *donation* faite à Tartuffe (v. 1178) et n'avait pas prêté attention aux menaces voilées de l'imposteur (v. 1558). — 9. Allusion à la *cassette* d'Argas (voir les v. 1579-1583).

ACTE V

SCÈNE PREMIÈRE. — ORGON, CLÉANTE.

CLÉANTE.   — Où voulez-vous courir?

ORGON.   —   Las[1]! que sais-je?

CLÉANTE   —   Il me semble
Que l'on doit commencer par consulter[2] ensemble
1575 Les choses qu'on peut faire en cet événement.

ORGON.   — Cette cassette-là me trouble entièrement;
Plus que le reste encore elle me désespère.

CLÉANTE.   — Cette cassette est donc un important mystère?

ORGON.   — C'est un dépôt qu'Argas, cet ami que je plains[3],
1580 Lui-même, en grand secret, m'a mis entre les mains.
Pour cela, dans sa fuite, il me voulut élire[4],
Et ce sont des papiers, à ce qu'il m'a pu dire,
Où[5] sa vie et ses biens se trouvent attachés.

CLÉANTE.   — Pourquoi donc les avoir en d'autres mains lâchés?

ORGON.   -1585 Ce fut par un motif de cas de conscience.
J'allai droit à mon traître en faire confidence;
Et son raisonnement me vint persuader
De lui donner plutôt la cassette à garder,
Afin que pour nier, en cas de quelque enquête,
1590 J'eusse d'un faux-fuyant la faveur toute prête[6],
Par où ma conscience eût pleine sûreté
A faire des serments contre la vérité[7].

CLÉANTE.   — Vous voilà mal, au moins si j'en crois l'apparence;
Et la donation et cette confidence[8]

---

1. Hélas! L'interjection « commence à vieillir et on se sert plus ordinairement d'*hélas* » *Dict. de l'Acad.*, 1694). — 2. Discuter;« régit aussi l'accusatif de la chose sur quoi l'on prend onseil » (*Acad.*, 1694). — 3. Je regrette (Argas est proscrit). — 4. Choisir. — 5. Auxquels. — 6. C'est-à-dire : afin que j'eusse à ma disposition un faux-fuyant pour nier. — 7. C'est a doctrine des « restrictions mentales », dénoncée par Pascal dans sa 9e *Provinciale :* voir a *Satire*, p. 103. — 8. Confiance. Allusion à l'imprudence qu'Orgon a commise en *confiant* à Tartuffe la cassette d'Argas.

¹⁵⁹⁵ Sont, à vous en parler selon mon sentiment,
Des démarches par vous faites légèrement.
On peut vous mener loin avec de pareils gages;
Et cet homme sur vous ayant ces avantages,
Le pousser est encor grande imprudence à vous,
¹⁶⁰⁰ Et vous deviez[1] chercher quelque biais plus doux.

ORGON.

— Quoi! sous un beau semblant[2] de ferveur si tou-
[chante
Cacher un cœur si double[3], une âme si méchante!
Et moi, qui l'ai reçu gueusant[4] et n'ayant rien..
C'en est fait, je renonce à tous les gens de bien
¹⁶⁰⁵ J'en aurai désormais une horreur effroyable,
Et m'en vais devenir pour eux pire qu'un diable

CLÉANTE.

— Eh bien! ne voilà pas de vos emportements!
Vous ne gardez en rien les doux tempéraments[5]
Dans la droite raison jamais n'entre la vôtre,
¹⁶¹⁰ Et toujours d'un excès vous vous jetez dans l'autre[6]
Vous voyez votre erreur, et vous avez connu[7]
Que par un zèle feint vous étiez prévenu[8];
Mais, pour vous corriger, quelle raison demande
Que vous alliez passer dans une erreur plus grande
¹⁶¹⁵ Et qu'avecque[9] le cœur d'un perfide vaurien
Vous confondiez les cœurs de tous les gens de bien?
Quoi! parce qu'un fripon vous dupe avec audace
Sous le pompeux éclat d'une austère grimace[10],
Vous voulez que partout on soit fait comme lui,
¹⁶²⁰ Et qu'aucun vrai dévot ne se trouve aujourd'hui?
Laissez aux libertins ces sottes conséquences;
Démêlez la vertu d'avec ses apparences,
Ne hasardez jamais votre estime trop tôt,
Et soyez pour cela dans le milieu qu'il faut.
¹⁶²⁵ Gardez-vous, s'il se peut, d'honorer l'imposture;
Mais au vrai zèle[11] aussi n'allez pas faire injure
Et, s'il vous faut tomber dans une extrémité,
Péchez plutôt encor de cet autre côté.

---

1. Auriez dû (voir p. 72 n. 12) — 2. Dehors. — 3. Fourbe; cf. Corneille, *le Menteur*, II, 3 « âme double et sans foi ». — 4. Mendiant (adj. verbal de *gueuser*, mendier). — 5. Le juste milieu. — 6. Voir les v. 339-344. — 7. Reconnu. — 8. Favorablement disposé. — 9. Cette ancienne orthographe, que ne justifie pas l'étymologie (lat. *apud hoc*), subsista jusqu'à la fin du XVIIe s. Vaugelas la jugeait « bonne ... et commode aux poètes » et même aux prosateurs qui ont « quelque soin de satisfaire l'oreille » (*Remarques sur la langue fr.* 1647). — 10. Voir p. 40, n. 7. — 11. La vraie dévotion.

SCÈNE II. — DAMIS, ORGON, CLÉANTE.

DAMIS.

— Quoi! mon père, est-il vrai qu'un coquin vous
[menace,
1630 Qu'il n'est point de bienfait qu'en son âme il n'efface,
Et que son lâche orgueil, trop digne de courroux,
Se fait de vos bontés des armes contre vous?

▪▪▪

● **L'intérêt dramatique** — ① Pourquoi Molière a-t-il imaginé l'histoire de la cassette et des papiers d'Argas? Quel rebondissement de l'intérêt en résulte-t-il?

● **Les caractères** — ② Le revirement d'ORGON vous semble-t-il naturel? — Comparez son emportement à celui d'Alceste dans *le Misanthrope* (v. 118-144). En quoi est-il comique?

③ Montrez que CLÉANTE joue auprès d'Orgon le même rôle modérateur que Philinte auprès d'Alceste, dans *le Misanthrope*. Molière aime à opposer ainsi l'un à l'autre un personnage maniaque, ou excessif de quelque manière, et un personnage au caractère modéré, qui représente le « juste milieu ». Cherchez-en d'autres exemples.

● **La peinture des mœurs** — La distinction que Cléante établit (v. 1607-1628) entre la vraie et la fausse dévotion pourrait bien être une addition de 1669. Cette tirade ne se justifie en effet par aucune raison dramatique; le désir d'apaiser la « cabale » a pu amener Molière à imaginer ce revirement, assez inattendu, du « bigot » Orgon, de façon à justifier le « couplet » moralisateur de Cléante. — La *Lettre sur l'Imposteur* met constamment l'accent sur cette distinction de la vraie et de la fausse dévotion. On retrouve la même idée dans le premier *Placet* (voir p. 17) et dans la Préface (voir p. 12).

● **La satire** — A propos de l'allusion d'Orgon à la « restriction mentale » (v. 1591-1592), voir Pascal, 9e *Provinciale*. Un Père (Jésuite) expose cette doctrine : « On peut jurer qu'on n'a pas fait une chose, quoiqu'on l'ait faite effectivement, en entendant en soi-même qu'on ne l'a pas faite un certain jour, ou avant qu'on fût né ou en sous-entendant quelque autre circonstance pareille [...]; cela est fort commode en beaucoup de rencontres, et est toujours très juste, quand cela est nécessaire ou utile pour la santé, l'honneur ou le bien. »

ORGON.	— Oui, mon fils, et j'en sens des douleurs non pareilles.

DAMIS.   — Laissez-moi, je lui veux couper les deux oreilles.
1635 Contre son insolence on ne doit point gauchir[1] ;
C'est à moi, tout d'un coup, de vous en affranchir
Et, pour sortir d'affaire, il faut que je l'assomme.

CLÉANTE.   — Voilà tout justement parler en vrai jeune homme.
Modérez, s'il vous plaît, ces transports éclatants[2] ;
1640 Nous vivons sous un règne et sommes dans un temps
Où par la violence on fait mal ses affaires.

SCÈNE III. — MADAME PERNELLE, MARIANE,
ELMIRE, DORINE, DAMIS, ORGON, CLÉANTE.

Mme PERNELLE. — Qu'est-ce ? J'apprends ici de terribles mystères.

ORGON.   — Ce sont des nouveautés dont mes yeux sont témoins,
Et vous voyez le prix dont sont payés mes soins.
1645 Je recueille avec zèle un homme en sa misère ;
Je le loge et le tiens comme mon propre frère ;
De bienfaits chaque jour il est par moi chargé ;
Je lui donne ma fille et tout le bien que j'ai ;
Et, dans le même temps, le perfide, l'infâme,
1650 Tente le noir dessein de suborner ma femme ;
Et, non content encor de ces lâches essais[3],
Il m'ose menacer de mes propres bienfaits
Et veut, à ma ruine, user des avantages
Dont le viennent d'armer mes bontés trop peu sages,
1655 Me chasser de mes biens où je l'ai transféré[4],
Et me réduire au point d'où je l'ai retiré.

DORINE.   — Le pauvre homme[5] !

Mme PERNELLE. —   Mon fils, je ne puis du tout croire
Qu'il ait voulu commettre une action si noire.

ORGON.   — Comment ?

Mme PERNELLE. —   Les gens de bien sont enviés toujours.

---

1. « Biaiser, n'avoir pas un procédé droit et sincère : les bons Pères voulaient *gauchir* et alléguaient l'Écriture » (*Dict.* de Richelet, 1680). — 2. Bruyants. — 3. Tentatives. — 4. Dans lesquels je l'ai établi (terme de jurisprudence). — 5. Rappel ironique des exclamations d'Orgon (I, 4).

ORGON. — ¹⁶⁶⁰ Que voulez-vous donc dire avec votre discours [1],
Ma mère?

Mme PERNELLE. — Que chez vous on vit d'étrange sorte,
Et qu'on ne sait que trop la haine qu'on lui porte.

ORGON. — Qu'a cette haine à faire avec ce qu'on vous dit?

Mme PERNELLE. — Je vous l'ai dit cent fois quand vous étiez petit :
¹⁶⁶⁵ La vertu, dans le monde, est toujours poursuivie;
Les envieux mourront, mais non jamais [2] l'envie.

ORGON. — Mais que fait ce discours aux choses d'aujourd'hui [3]?

Mme PERNELLE. — On vous aura forgé cent sots contes de lui.

ORGON. — Je vous ai dit déjà que j'ai vu tout moi-même.

Mme PERNELLE. — ¹⁶⁷⁰ Des esprits médisants la malice est extrême.

ORGON. — Vous me feriez damner, ma mère. Je vous di [4]
Que j'ai vu de mes yeux un crime si hardi.

Mme PERNELLE. — Les langues ont toujours du venin à répandre,
Et rien n'est ici-bas qui s'en puisse défendre.

ORGON. — ¹⁶⁷⁵ C'est tenir un propos de sens bien dépourvu.
Je l'ai vu, dis-je, vu, de mes propres yeux vu,
Ce qu'on appelle vu. Faut-il vous le rebattre [5]
Aux oreilles cent fois et crier comme quatre?

Mme PERNELLE. — Mon Dieu! le plus souvent l'apparence déçoit :
¹⁶⁸⁰ Il ne faut pas toujours juger sur ce qu'on voit.

ORGON. — J'enrage!

Vos propos (voir le v. 1667). — 2. Forme populaire de négation renforcée. — 3. Quel
rapport y a-t-il entre vos propos et l'affaire d'aujourd'hui? — 4. Voir p. 39, n. 5. — 5. Répéter.

▪▪▪

- **Scène 2** — ① Opposez l'indignation juvénile de Damis à la modération
de Cléante. Commentez l'allusion politique des v. 1640-1641. Relevez
dans les propos du jeune homme des exagérations plaisantes.

- **Scène 3** — ② Pourquoi Molière a-t-il attendu jusqu'ici pour faire
intervenir Mme PERNELLE ?
③ Commentez son attitude, d'après la *Lettre sur l'Imposteur* : « Son
fils lui dit qu'il l'a vu [Panulphe] et que ce n'est pas un ouï-dire. La
vieille, qui ne l'écoute pas, et qui est charmée par la beauté de son lieu-
commun [cf. v. 1670], ravie d'avoir une occasion illustre comme celle-
là de le pousser bien loin, continue sa légende, et tout cela par les
manières ordinaires aux gens de cet âge, des proverbes, des apoph-
tegmes, des dictons du vieux temps, des exemples de sa jeunesse, et
des citations de gens qu'elle a connus... ».
④ ORGON : en quoi est-il transformé? Sur quel ton s'adresse-t-il à sa
mère? Quels traits déjà connus de son caractère retrouvons-nous pourtant ici?

▪▪▪

Mme PERNELLE. —   Aux faux soupçons la nature est sujette
                    Et c'est souvent à mal[1] que le bien s'interprète.

ORGON.   — Je dois interpréter à charitable soin
               Le désir d'embrasser ma femme?

Mme PERNELLE. —   Il est besoin,
        1685 Pour accuser les gens, d'avoir de justes causes;
              Et vous deviez attendre à[2] vous voir sûr des choses

ORGON.   — Hé! diantre! le moyen de m'en assurer mieux?
               Je devais donc, ma mère, attendre qu'à mes yeux
               Il eût... Vous me feriez dire quelque sottise.

Mme PERNELLE. —1690 Enfin d'un trop pur zèle[3] on voit son âme éprise,
               Et je ne puis du tout me mettre dans l'esprit
               Qu'il ait voulu tenter les choses que l'on dit.

ORGON.   — Allez, je ne sais pas, si vous n'étiez ma mère,
               Ce que je vous dirais, tant je suis en colère.

DORINE, *à Orgon.*
        1695 Juste retour, Monsieur, des choses d'ici-bas :
              Vous ne vouliez point croire, et l'on ne vous croit pas

CLÉANTE.   — Nous perdons des moments en bagatelles pures
               Qu'il faudrait employer à prendre des mesures.
               Aux[4] menaces du fourbe on doit ne dormir point

DAMIS   1700 Quoi! son effronterie irait jusqu'à ce point?

ELMIRE.   — Pour moi, je ne crois pas cette instance[5] possible
               Et son ingratitude est ici trop visible.

CLÉANTE, *à Orgon.*
             — Ne vous y fiez pas : il aura des ressorts[6]
               Pour donner contre vous raison à ses efforts;
        1705 Et sur moins que cela le poids d'une cabale[7]
              Embarrasse[8] les gens dans un fâcheux dédale.
              Je vous le dis encore : armé[9] de ce qu'il a,
              Vous ne deviez jamais le pousser jusque-là.

ORGON.   — Il est vrai; mais qu'y faire? A l'orgueil[10] de ce traître
        1710 De mes ressentiments je n'ai pas été maître.

CLÉANTE.   — Je voudrais, de bon cœur, qu'on pût entre vous deux
               De quelque ombre[11] de paix raccommoder les nœuds

_____

1. En mauvaise part (voir le v. 1683 : *à charitable soin*, comme un souci de charité). —
2. Jusqu'à. — 3. Ferveur religieuse; voir les v. 891 et 1626. — 4. Devant les menaces. —
5. Poursuite en justice. — 6. Moyens secrets. — 7. Allusion à la « cabale » des dévots (voir
v. 397). — 8. Engage... dans (en parlant d'une situation compliquée ou embarrassante
— 9. *Armé* se rapporte au pronom *le* (v. 1708), complément d'objet : cette construction
dite *hypallage*, incorrecte de nos jours, était usuelle au XVIIe s. — 10. Devant *l'orgueil*
— 11. Apparence; complément inversé de *nœuds* (liens).

ELMIRE.   — Si j'avais su qu'en main il a[1] de telles armes,
                   Je n'aurais pas donné matière à tant d'alarmes[2],
              1715 Et mes...

ORGON, *à Dorine, voyant entrer Monsieur Loyal.*

              —   Que veut cet homme? Allez tôt le savoir.
                   Je suis bien en état que l'on me vienne voir[3]!

---

1. Nous attendrions le subjonctif : *il eût.* L'indicatif insiste sur la matérialité du fait.
— 2. Inquiétudes. — 3. Orgon pense le contraire (antiphrase).

■■

- **La progression dramatique de la scène 3** — Jusqu'au v. 1696, la querelle d'Orgon et de Mme Pernelle se poursuit.
  ① Comment se marquent l'obstination aveugle de celle-ci, l'irritation croissante de celui-là?
  ② Dorine intervient pour tirer la morale de l'histoire et en profite pour adresser, au passage, une juste leçon à son maître (v. 1695-1696). Pourquoi est-elle en droit de parler comme elle le fait, et quel trait de son caractère apparaît ici?
  ③ A partir du v. 1697, nous assistons à un véritable « conseil de famille » entre Orgon, Cléante, Elmire et Dorine. Étudiez l'attitude de chaque personnage en face de la situation nouvelle : Orgon, repentant et confus (v. 1709-1710); Elmire, navrée des conséquences imprévues de son stratagème (v. 1713-1714); Mme Pernelle, enfermée dans un silence réprobateur; seul, Cléante garde « la tête froide » : comment se manifestent son bon sens, sa psychologie, son sens de la mesure? Notez la modération courtoise des reproches qu'il adresse à Orgon, la lucidité, la pondération avec lesquelles il envisage le problème, qu'il voudrait résoudre par un « compromis » (v. 1711-1712).

- **Les caractères** — ORGON, ridicule et pitoyable. ④ Pourquoi devient-il cependant plus sympathique?
  Mme PERNELLE, la vieille dame bigote, têtue, autoritaire et sotte. Elle sera la dernière à croire en l'innocence de Tartuffe, comme elle a été la première à faire son éloge (v. 73-78). ⑤ En quoi son fils lui ressemble-t-il?
  ELMIRE, toujours réservée, pleine de dignité dans l'infortune. ⑥ Appréciez la délicatesse de ses scrupules, en présence de son mari, vrai responsable de l'affaire (v. 1713-1714).
  CLÉANTE, l'homme du « juste milieu », sensé, lucide, distingué dans ses manières comme dans son langage, et qui, par sa modération, s'oppose à la fois à l'irascible Orgon et à la stupide Mme Pernelle.
  DORINE, toujours malicieuse et « futée », incapable de « tenir sa langue », ajoutant par ses réflexions ironiques et ses mines narquoises une note de gaieté au sérieux de la discussion.

- **Le comique** — ⑦ A propos de la scène 3 dans son ensemble, étudiez ce jugement de La Harpe : « Cette scène apporte un surcroît de comique; l'auteur renchérit sur ce qu'il semble avoir épuisé, quand Madame Pernelle joue avec Orgon le même rôle que cet Orgon a joué avec tous les autres personnages de la pièce, lorsqu'elle refuse obstinément de se rendre à toutes les preuves qu'il allègue contre Tartuffe. Cette progression d'effets comiques, si imprévue et pourtant si naturelle, est le plus grand effet de l'art. »

■■

ScÈne IV. — MONSIEUR LOYAL,
MADAME PERNELLE, ORGON, DAMIS,
MARIANE, DORINE, ELMIRE, CLÉANTE.

M. LOYAL, *à Dorine, dans le fond du théâtre.*

— Bonjour, ma chère sœur[1]. Faites, je vous supplie,
Que je parle à Monsieur.

DORINE. — Il est en compagnie,
Et je doute qu'il puisse à présent voir quelqu'un.

M. LOYAL. 1720 Je ne suis pas pour[2] être en ces lieux importun.
Mon abord[3] n'aura rien, je crois, qui lui déplaise,
Et je viens pour un fait dont il sera bien aise.

DORINE. — Votre nom?

M. LOYAL. — Dites-lui seulement que je vien[4]
De la part de Monsieur Tartuffe, pour son bien.

DORINE, *à Orgon.*
1725 C'est un homme qui vient, avec douce manière,
De la part de Monsieur Tartuffe, pour affaire
Dont vous serez, dit-il, bien aise.

CLÉANTE, *à Orgon.* — Il vous faut voir
Ce que c'est que cet homme et ce qu'il peut vouloir.

ORGON. — Pour nous raccommoder il vient ici peut-être.
1730 Quels sentiments aurai-je à lui faire paraître[5]?

CLÉANTE. — Votre ressentiment ne doit point éclater;
Et, s'il parle d'accord, il le faut écouter.

M. LOYAL, *à Orgon.*

— Salut, Monsieur. Le Ciel perde qui vous veut nuire[6],
Et vous soit favorable autant que je désire!

ORGON, *bas à Cléante.*
1735 Ce doux début s'accorde avec mon jugement
Et présage déjà quelque accommodement.

M. LOYAL. — Toute votre maison[7] m'a toujours été chère,
Et j'étais serviteur de Monsieur votre père.

ORGON. — Monsieur, j'ai grande honte et demande pardon
1740 D'être sans vous connaître ou savoir votre nom.

---

1. Terme d'affection, mais aussi forme de salutation religieuse, dont les dévots usaient entre eux, comme du mot *frère* (voir les v. 1074, 1107, etc.). — 2. Je ne suis pas homme à... — 3. Mon arrivée; voir le v. 1055. — 4. Voir le v. 311, n. 5 — 5. Montrer. — 6. Encore une formule dévote de salutation. — 7. Famille; terme « noble », « ne se dit guère que des races nobles et illustres » (*Dict. de l'Acad.*, 1694).

M. LOYAL. — Je m'appelle Loyal, natif de Normandie[1],
Et suis huissier à verge[2], en dépit de l'envie[3].
J'ai depuis quarante ans, grâce au Ciel, le bonheur
D'en exercer la charge avec beaucoup d'honneur;
1745 Et je vous viens, Monsieur, avec votre licence[4],
Signifier l'exploit[5] de certaine ordonnance[6]...

ORGON — Quoi! vous êtes ici...?

M. LOYAL — Monsieur, sans passion:
Ce n'est rien seulement[7] qu'une sommation,
Un ordre de vider[8] d'ici, vous et les vôtres,
1750 Mettre vos meubles hors[9], et faire place à d'autres,
Sans délai ni remise, ainsi que besoin est...

ORGON — Moi! sortir de céans?

M. LOYAL — Oui, Monsieur, s'il vous plaît.
La maison à présent, comme savez[10] de reste,
Au bon Monsieur Tartuffe appartient sans conteste.
1755 De vos biens désormais il est maître et seigneur,
En vertu d'un contrat duquel[11] je suis porteur.
Il est en bonne forme, et l'on n'y peut rien dire.

DAMIS, *à M. Loyal.*
— Certes cette impudence est grande, et je l'admire.

M. LOYAL. — Monsieur, je ne dois point avoir affaire à vous;
1760 C'est à Monsieur: il est et raisonnable et doux,
Et d'un homme de bien il sait trop bien l'office[12]
Pour se vouloir du tout[13] opposer à justice.

ORGON. — Mais...

M. LOYAL. — Oui, Monsieur, je sais que pour un million
Vous ne voudriez pas faire rébellion[14],
1765 Et que vous souffrirez en honnête personne
Que j'exécute ici les ordres qu'on me donne.

---

1. La *Normandie* passait pour le pays de la chicane : cf. *les Plaideurs*, de Racine — 2. Les huissiers portaient à la main une baguette, ou *verge*, insigne de leur fonction. M. Loyal attache sans doute à cet insigne une valeur honorifique. — 3. Peut-être parodie du *Cid* (v. 185 et 233). — 4. Permission. — 5. Acte judiciaire. — 6. Décision du juge, qui motive l'*exploit*. — 7. Voir p. 68, n. 6. — 8. Quitter, évacuer (terme juridique). — 9. Dehors (préposition et adverbe au XVIIe s.). — 10. Omission, du pronom sujet, selon l'usage de la procédure. — 11. Dont (la langue juridique employait le relatif composé de préférence à la forme simple). — 12. Le devoir (lat. *officium*). — 13. En rien. — 14. Quatre syllabes (diérèse).

DAMIS. — Vous pourriez bien ici sur votre noir jupon [1],
Monsieur l'huissier à verge, attirer le bâton.

M. LOYAL, *à Orgon.* - Faites que votre fils se taise ou se retire,
1770 Monsieur; j'aurais regret d'être obligé d'écrire
Et de vous voir couché dans mon procès-verbal.

DORINE, *à part.* — Ce Monsieur Loyal porte un air bien déloyal [2]!

M. LOYAL. — Pour tous les gens de bien j'ai de grandes tendresses,
Et ne me suis voulu [3], Monsieur, charger des pièces
1775 Que pour vous obliger et vous faire plaisir,
Que pour ôter par là le moyen d'en [4] choisir
Qui, n'ayant pas pour vous le zèle qui me pousse,
Auraient pu procéder d'une façon moins douce.

ORGON. — Et que peut-on de pis que d'ordonner aux gens
1780 De sortir de chez eux?

M. LOYAL. — On vous donne du temps,
Et jusques à demain je ferai surséance [5]
A l'exécution, Monsieur, de l'ordonnance.
Je viendrai seulement [6] passer ici la nuit
Avec dix de mes gens, sans scandale et sans bruit.
1785 Pour la forme, il faudra, s'il vous plaît, qu'on
[m'apporte,
Avant que [7] se coucher, les clefs de votre porte.
J'aurai soin de ne pas troubler votre repos
Et de ne rien souffrir qui ne soit à propos.
Mais demain, du matin [8] il vous faut être habile [9]
1790 A vider de céans jusqu'au moindre ustensile.
Mes gens vous aideront, et je les ai pris forts
Pour vous faire service [10] à tout mettre dehors.
On n'en peut pas user mieux que je fais, je pense;
Et, comme je vous traite avec grande indulgence,
1795 Je vous conjure aussi, Monsieur, d'en user bien,
Et qu'au dû de ma charge [11] on ne me trouble en rien.

---

1. « Espèce de grand pourpoint ou de petit justaucorps, qui a de longues basques et qui n'a point de *busquière* [treillis destiné à rendre plus ferme le bas du pourpoint], qui ne serre point le corps et qui est une espèce de veste propre pour l'été » (*Dict.* de Furetière, 1690). — 2. L'éd. originale attribue ce vers (1772) au rôle d'Elmire. Mais, dès 1682 (éd. Vinot-Lagrange), et dans toutes les éditions suivantes, c'est Dorine qui fait ce mauvais calembour; ce jeu de mots est d'ailleurs plus naturel dans sa bouche que dans celle d'Elmire. L'indication de l'édition originale provient sans doute d'une erreur matérielle. — 3. Et je n'ai voulu *me charger*. Le changement d'auxiliaire s'explique par le fait que le pronom complément est placé avant celui-ci, selon l'usage classique. — 4. *En :* d'autres huissiers. — 5. Suspension momentanée (substantif dérivé de *surseoir*). — 6. Ironie à commenter. — 7. Avant de ; Vaugelas blâmait cet emploi de *avant que*, suivi d'un infinitif, et recommandait de dire, en ce cas : avant que de .— 8. De bon matin. — 9. Prêt *à*. — 10. Aider. — 11. Dans l'exécution des devoirs *de ma charge*.

ORGON, *bas*. — Du meilleur de mon cœur je donnerais sur l'heure
Les cent plus beaux louis de ce qui me demeure,
Et pouvoir [1], à plaisir, sur ce mufle asséner
1800 Le plus grand coup de poing qui se puisse donner.

CLÉANTE, *bas à Orgon*.
— Laissez, ne gâtons rien.

DAMIS. — Cette audace est trop forte,
J'ai peine à me tenir [2], il vaut mieux que je sorte [3].

DORINE. — Avec un si bon dos, ma foi, Monsieur Loyal,
Quelques coups de bâton ne vous siéraient pas mal.

M. LOYAL. — 1805 On pourrait bien punir ces paroles infâmes,
Mamie [4], et l'on décrète [5] aussi contre les femmes.

CLÉANTE. — Finissons tout cela, Monsieur; c'en est assez.
Donnez tôt ce papier, de grâce, et nous laissez.

M. LOYAL. — Jusqu'au revoir. Le Ciel vous tienne tous en joie!

ORGON. — 1810 Puisse-t-il te confondre [6], et celui qui t'envoie!

---

1. Si je pouvais en échange... — 2. Retenir. — 3. Variante (originale) : « A cette audace *étrange* [...], et *la main me démange*. » — 4. Voir le v. 458. — 5. On délivre des mandats d'arrêt; *décréter :* « donner à des sergents le droit d'emprisonner une personne » (*Dict.* de Richelet, 1680). — 6. Te réduire à l'impuissance, en faisant éclater ta scélératesse; *et :* ainsi que...

■■

- **La vengeance de Tartuffe** — ① Comment le coup de théâtre de la scène 4 a-t-il été préparé? Quel intérêt nouveau apporte-t-il?
- **Les caractères : M. Loyal** — « Ce personnage est un supplément admirable du caractère bigot » (*Lettre sur l'Imposteur*). ② Comparez le « disciple » (M. Loyal) à son « maître » (Tartuffe).
  Les autres personnages
  ③ Montrez qu'ils restent « dans la ligne » de leur caractère. Opposez le sang-froid de Cléante, la dignité d'Elmire, le persiflage de Dorine, à l'indignation véhémente d'Orgon et de Damis.
- **La progression dramatique** — Étudiez l'art avec lequel M. Loyal s'acquitte de sa mission. ④ Est-ce seulement par charité ou par courtoisie mondaine qu'il ménage ses « victimes »?
- **La satire** — La « confrérie » des bigots : « ils n'agissent pas isolément : ils forment une maffia » (R. Robert, *Revue des sciences humaines*, janvier-mars 1956).
- **Le mélange des styles :** dévot; mondain; familier. ⑤ Donnez des exemples, en montrant l'adaptation du langage aux caractères et aux conditions des personnages.

■■

Scène V. — ORGON, CLÉANTE, MARIANE, ELMIRE, MADAME PERNELLE, DORINE, DAMIS.

ORGON. — Eh bien! vous le voyez, ma mère, si j'ai droit [1],
Et vous pouvez juger du reste par l'exploit.
Ses trahisons enfin vous sont-elles connues?

Mme PERNELLE. — Je suis toute ébaubie [2], et je tombe des nues.

DORINE, *à Orgon.*

1815 Vous vous plaignez à tort, à tort vous le blâmez,
Et ses pieux desseins par là sont confirmés.
Dans l'amour du prochain sa vertu se consomme [3];
Il sait que très souvent les biens corrompent l'homme,
Et, par charité pure, il veut vous enlever
1820 Tout ce qui vous peut faire obstacle à vous sauver.

ORGON. — Taisez-vous : c'est le mot qu'il vous faut toujours
[dire.

CLÉANTE. — Allons voir quel conseil on doit vous faire élire [4].

ELMIRE. — Allez faire éclater [5] l'audace de l'ingrat.
Ce procédé détruit la vertu [6] du contrat;
1825 Et sa déloyauté va paraître trop noire
Pour souffrir [7] qu'il en ait le succès qu'on veut croire

Scène VI. — VALÈRE, ORGON, CLÉANTE, ELMIRE, MARIANE, MADAME PERNELLE, DAMIS, DORINE.

VALÈRE. — Avec regret, Monsieur, je viens vous affliger;
Mais je m'y vois contraint par le pressant danger.
Un ami qui m'est joint d'une amitié fort tendre,
1830 Et qui sait l'intérêt qu'en vous j'ai lieu de prendre,
A violé pour moi, par un pas [8] délicat,
Le secret que l'on doit aux affaires d'État,
Et me vient d'envoyer un avis dont la suite
Vous réduit au parti d'une soudaine fuite [9].

---

1. Si j'ai raison. — 2. Proprement : surprise au point d'en bégayer; de l'ancien français *abaubir*, rendre bègue de surprise. — 3. Atteint à sa perfection. — 4. Choisir; voir le v. 573; *conseil :* décision. — 5. Rendre manifeste l'audace de Tartuffe en la révélant à la justice ou au Roi. — 6. Validité; de fait, la donation d'Orgon est sans *valeur* légale. — 7. Pour que l'on souffre (supporte) que...; l'infinitif *souffrir* ne se rapporte pas au sujet mais à un mot, non exprimé, qui ressort du contexte, à savoir : les juges, ou le Roi, à qui vous aurez dénoncé la traîtrise de Tartuffe. Cette construction, usuelle au XVIIe s., est dite *hypallage.* — 8. Une démarche; voir le v. 599. — 9. *Un avis* qui a pour effet de vous contraindre *au parti* (à la décision) de prendre soudainement la *fuite*, afin de prévenir votre arrestation.

¹⁸³⁵ Le fourbe qui longtemps a pu vous imposer[1]
Depuis une heure au Prince a su vous accuser
Et remettre en ses mains, dans les traits qu'il vous
[jette,
D'un criminel d'État l'importante cassette,
Dont, au mépris, dit-il, du devoir d'un sujet,
¹⁸⁴⁰ Vous avez conservé le coupable secret.
J'ignore le détail du crime qu'on vous donne ;
Mais un ordre est donné contre votre personne,
Et lui-même est chargé, pour mieux l'exécuter,
D'accompagner celui qui vous doit arrêter.

CLÉANTE.　　　¹⁸⁴⁵ Voilà ses droits armés, et c'est par où le traître
De vos biens, qu'il prétend[2], cherche à se rendre
[maître.

ORGON.　　　— L'homme est, je vous l'avoue, un méchant animal !

VALÈRE.　　　— Le moindre amusement[3] vous peut être fatal.
J'ai, pour vous emmener, mon carrosse à la porte,
¹⁸⁵⁰ Avec mille louis qu'ici je vous apporte.
Ne perdons point de temps ; le trait est foudroyant,
Et ce sont de ces coups que l'on pare en fuyant.
A[4] vous mettre en lieu sûr je m'offre pour conduite,
Et veux accompagner jusqu'au bout votre fuite.

ORGON.　　　¹⁸⁵⁵ Las[5] ! que ne dois-je point à vos soins obligeants !
Pour vous en rendre grâce il faut un autre temps[6],
Et je demande au Ciel de m'être assez propice
Pour reconnaître[7] un jour ce généreux service.
Adieu ; prenez le soin, vous autres...

CLÉANTE.　　　—　　　　　　　　　　Allez tôt[8] ;
¹⁸⁶⁰ Nous songerons, mon frère, à faire ce qu'il faut.

---

1. Faire illusion. — 2. Revendique. — 3. Perte de temps, atermoiement. — 4. Pour *Je m'offre* comme guide pour vous mettre *en lieu sûr*. — 5. Hélas ! voir p. 101, n. 1. — 6. *Un autre* moment, plus favorable. — 7. Pour vous témoigner ma reconnaissance de... — 8. Vite.

▪▪

● **La scène 5.** ① Quel en est l'intérêt, dramatique et psychologique ?
② Quel effet produisent la « conversion » de Mme Pernelle et l'ironie de Dorine ?
● **Scène 6.** ③ Appréciez l'offre de Valère (v. 1848-1854) : pourquoi Molière a-t-il imaginé ces préparatifs de fuite, inutiles à l'action ?
④ Qu'y a-t-il de comique dans la soudaine « misanthropie » d'Orgon (v. 1847), et en quoi ce revirement est-il conforme au caractère du personnage (v. 1607-1610) ?

▪▪

SCÈNE VII. — L'EXEMPT, TARTUFFE, VALÈRE, ORGON, ELMIRE, MARIANE, ETC.

TARTUFFE, *arrêtant Orgon.*

> — Tout beau, Monsieur, tout beau, ne courez point si
> [vite ;
> Vous n'irez pas fort loin pour trouver votre gîte,
> Et de la part du Prince on vous fait prisonnier.

ORGON.

> — Traître, tu me gardais ce trait pour le dernier !
> 1865 C'est le coup, scélérat, par où tu m'expédies [1],
> Et voilà couronner toutes tes perfidies.

TARTUFFE.

> — Vos injures n'ont rien à [2] me pouvoir aigrir,
> Et je suis pour le Ciel appris [3] à tout souffrir.

CLÉANTE.

> — La modération est grande, je l'avoue.

DAMIS.

> 1870 Comme du Ciel l'infâme impudemment se joue !

TARTUFFE.

> — Tous vos emportements ne sauraient m'émouvoir,
> Et je ne songe à rien qu'à faire mon devoir.

MARIANE.

> — Vous avez de ceci grande gloire à prétendre [4],
> Et cet emploi pour vous est fort honnête à prendre.

TARTUFFE.

> 1875 Un emploi ne saurait être que glorieux,
> Quand il part du pouvoir qui m'envoie en ces lieux.

ORGON.

> — Mais t'es-tu souvenu que ma main charitable,
> Ingrat, t'a retiré d'un état misérable ?

TARTUFFE.

> — Oui, je sais quels secours j'en ai pu recevoir ;
> 1880 Mais l'intérêt du Prince est mon premier devoir ;
> De ce devoir sacré la juste violence
> Étouffe dans mon cœur toute reconnaissance,
> Et je sacrifierais à de si puissants nœuds
> Amis, femme, parents, et moi-même avec eux.

ELMIRE.

> 1885 L'imposteur [5] !

DORINE.

>   Comme il sait de traîtresse manière
> Se faire un beau manteau [6] de tout ce qu'on révère !

CLÉANTE.

> — Mais, s'il est si parfait que vous le déclarez,
> Ce zèle qui vous pousse et dont vous vous parez,
> D'où vient que pour paraître il s'avise d'attendre
> 1890 Qu'à poursuivre sa femme il [7] ait su vous surprendre,
> Et que vous ne songez à l'aller dénoncer
> Que lorsque son honneur l'oblige à vous chasser ?

---

1. Tu m'achèves ; *expédier :* « faire mourir vite » (*Dict. de l'Acad.*, 1694). — 2. De nature *à.*
— 3. Habitué *à.* — 4. *Vous avez* lieu de *prétendre* à une grande gloire en *ceci*, c'est-à-dire :
dans l'accomplissement de ce devoir. — 5. Titre de la pièce, en 1667 · voir p. 6. — 6. Un
prétexte. — 7. Orgon.

Je ne vous parle point, pour devoir en distraire[1],
Du don de tout son bien qu'il venait de vous faire;
1895 Mais, le voulant traiter en coupable aujourd'hui,
Pourquoi consentiez-vous à rien[2] prendre de lui?

TARTUFFE, *à l'Exempt*[3].

— Délivrez-moi, Monsieur, de la criaillerie,
Et daignez accomplir votre ordre, je vous prie.

L'EXEMPT.

— Oui, c'est trop demeurer, sans doute, à l'accomplir :
1900 Votre bouche à propos m'invite à le remplir;
Et, pour l'exécuter, suivez-moi tout à l'heure[4]
Dans la prison qu'on doit vous donner pour demeure.

TARTUFFE.

— Qui? moi, Monsieur?

L'EXEMPT.

— Oui, vous.

TARTUFFE.

— Pourquoi donc la prison?

---

1. Vous détourner de cette dénonciation. — 2. Quelque chose (sens étymologique : c'est la négation *ne* qui donne à *rien* le sens négatif, de nos jours comme au XVIIe s.). — 3. Officier de la garde personnelle du roi, chargé de procéder aux arrestations. — 4. Sur-le-champ.

- **Les dernières grimaces de l'imposteur** (v. 1861-1898) — ① Pourquoi Tartuffe reprend-il son masque de dévot en présence de l'Exempt? Relevez les expressions qui appartiennent au vocabulaire de la dévotion.

  ② Montrez que, dans les v. 1879 à 1884, Tartuffe ajoute à l'hypocrisie religieuse l'imposture et le fanatisme politiques, appliquant à son prétendu loyalisme envers le Prince les outrances du faux dévot.

  ③ Appréciez l'attitude des divers personnages de cette scène à l'égard de Tartuffe : montrez qu'elle est conforme à leurs caractères respectifs. En quoi les griefs formulés contre l'imposteur par chaque membre de la famille constituent-ils un parfait « réquisitoire », et un portrait achevé de l'hypocrite, jugé par ses actes?

  ④ Pourquoi l'Exempt reste-t-il silencieux jusqu'au vers 1899?

- **Le coup de théâtre : arrestation de Tartuffe** (v. 1899-1904) — ⑤ Quel effet produit-il sur Tartuffe et sur les spectateurs?

  ⑥ A propos de ce dénouement imprévu, commentez le passage suivant de la *Lettre sur l'Imposteur :* « Permettez-moi de vous faire remarquer que l'esprit de tout cet acte et son seul effet et but jusqu'ici [jusqu'au discours de l'exempt] n'a été que de représenter les affaires de cette pauvre famille dans la dernière désolation, par la violence et l'impudence de l'imposteur, jusque-là qu'il paraît que c'est une affaire sans ressource dans les formes, de sorte qu'à moins de quelque dieu qui y mette la main, c'est-à-dire de la machine, comme parle Aristote, tout est déploré... »

- **La morale** — ⑦ Montrez que l'arrestation de Tartuffe est conforme à la fois à la morale et aux exigences de la situation. En quoi ce dénouement répond-il aux intentions affirmées par Molière dans sa Préface et dans ses Placets, intentions confirmées par la *Lettre sur l'Imposteur?*

L'EXEMPT.　　　　— Ce n'est pas vous à qui j'en veux rendre raison.
　　　　　　　　　　　　　　(A Orgon.)
1905　Remettez-vous, Monsieur, d'une alarme si chaude.
　　　Nous vivons sous un Prince ennemi de la fraude[1],
　　　Un Prince dont les yeux se font jour dans les cœurs,
　　　Et que ne peut tromper tout l'art des imposteurs[2].
　　　D'un fin discernement sa grande âme pourvue
1910　Sur les choses toujours jette une droite vue;
　　　Chez elle jamais rien ne surprend trop d'accès,
　　　Et sa ferme raison ne tombe en nul excès.
　　　Il donne aux gens de bien une gloire immortelle[3],
　　　Mais sans aveuglement il fait briller ce zèle,
1915　Et l'amour pour les vrais[4] ne ferme point son cœur
　　　A tout ce que les faux doivent donner d'horreur.
　　　Celui-ci n'était pas pour[5] le pouvoir surprendre,
　　　Et de pièges plus fins on le voit se défendre.
　　　D'abord[6] il a percé, par ses vives clartés,
1920　Des replis de son cœur toutes les lâchetés.
　　　Venant vous accuser, il[7] s'est trahi lui-même
　　　Et, par un juste trait de l'équité suprême,
　　　S'est découvert au Prince un fourbe renommé
　　　Dont sous un autre nom il[8] était informé;
1925　Et c'est un long détail d'actions toutes noires
　　　Dont on pourrait former des volumes d'histoires.
　　　Ce monarque, en un mot, a vers[9] vous détesté
　　　Sa lâche ingratitude et sa déloyauté.
　　　A ses autres horreurs il a joint cette suite[10],
1930　Et ne m'a jusqu'ici soumis à sa conduite[11]
　　　Que pour voir l'impudence aller jusques au bout
　　　Et vous faire par lui faire raison de tout.
　　　Oui, de tous vos papiers, dont il[12] se dit le maître,
　　　Il veut qu'entre vos mains je dépouille le traître.

---

1. Au temps de la Révolution, ce vers était remplacé par le vers suivant : « Ils sont passés, ces jours d'injustice et de fraude » (indication de F. Ledoux, *op. cit.*, p. 245). — 2. En 1669, Louis XIV avait pris parti pour Molière contre la « cabale »; ce qui semble indiquer qu'il s'agit d'une addition du *Tartuffe* de 1669. — 3. L'emphase est ici voulue : derrière l'exempt, c'est l'auteur qui parle. — 4. Les gens sincères, par opposition aux *faux* ou hypocrites (v. 1916). — 5. De nature à; voir le v. 1525. — 6. Tout de suite. — 7. *Il* : Tartuffe. Le pronom *il* retrouvait, à la scène, sa valeur démonstrative étymologique (lat. *ille*) : le geste ou le regard de l'acteur évitait l'amphibologie en désignant le personnage. — 8. *Il* : le roi. — 9. Envers. L'ordre naturel des mots, modifié par l'inversion poétique, est celui-ci : *sa lâche ingratitude et sa déloyauté* envers *vous*. — 10. *Cette suite* à ses autres horreurs, c'est-à-dire : ce forfait qui est la suite de ses crimes précédents. — 11. Mis à ses ordres, à sa disposition. — 12. *Il* : Tartuffe.

¹⁹³⁵ D'un souverain pouvoir, il brise les liens
Du contrat qui lui fait un don de tous vos biens,
Et vous pardonne enfin cette offense secrète
Où vous a d'un ami fait tomber la retraite[1];
Et c'est le prix qu'il donne au zèle qu'autrefois
¹⁹⁴⁰ On vous vit témoigner en appuyant ses droits[2],
Pour montrer que son cœur sait, quand moins on y
[pense,
D'une bonne action verser la récompense,
Que jamais le mérite avec lui ne perd rien,
Et que mieux que du mal il se souvient du bien.

DORINE. ¹⁹⁴⁵ Que le Ciel soit loué !

Mme PERNELLE. —   Maintenant je respire.

ELMIRE. — Favorable succès[3].

MARIANE. —   Qui l'aurait osé dire ?

ORGON, *à Tartuffe, que l'Exempt emmène.*

        — Hé bien, te voilà, traître...

CLÉANTE. —   Ah ! mon frère, arrêtez,
Et ne descendez point à des indignités.
A son mauvais destin laissez un misérable,
¹⁹⁵⁰ Et ne vous joignez point au remords qui l'accable.
Souhaitez bien plutôt que son cœur, en ce jour,
Au sein de la vertu fasse un heureux retour,
Qu'il corrige sa vie en détestant[4] son vice
Et puisse du grand Prince adoucir la justice,
¹⁹⁵⁵ Tandis qu'à sa bonté vous irez à genoux
Rendre ce que demande un traitement si doux[5].

ORGON. — Oui, c'est bien dit. Allons à ses pieds avec joie
Nous louer des bontés que son cœur nous déploie[6];
Puis, acquittés un peu de ce premier devoir,
¹⁹⁶⁰ Aux justes soins d'un autre il nous faudra pourvoir,
Et par un doux hymen couronner en Valère
La flamme d'un amant généreux et sincère.

---

1. L'exil. — 2. Allusion aux *droits* qu'Orgon avait acquis à la reconnaissance du roi pour les services rendus sous la Fronde. — 3. Heureuse issue. — 4. Maudissant. — 5. Témoigner au Prince la reconnaissance que mérite *un traitement si doux.* — 6. Dispense.

■■■

● **La vraisemblance** — Le dénouement du *Tartuffe* a été fort critiqué, comme invraisemblable ou artificiel : on a fait remarquer, notamment, que la donation d'Orgon était nulle de plein droit (Orgon ne disposant que d'un sixième des biens de la famille) ; on a prétendu qu'il aurait été plus naturel et plus simple de faire jouer cette clause de nullité pour le dénouement de la pièce : Molière semble bien y avoir songé lui-même quand il fait dire à Elmire (v. 1824) : *Ce procédé détruit la vertu du contrat.* On a également objecté que le roi ne pouvait annuler une donation sans passer par les magistrats. Mais, pour les affaires politiques, comme celle d'Orgon, le roi pouvait intervenir personnellement auprès du Parlement et lui imposer sa volonté; il disposait en outre du droit de grâce. En fait, il semble bien que ce dénouement, pour artificiel qu'il soit, répondait exactement aux intentions de Molière, soucieux, d'une part, de prévenir une nouvelle cabale des dévots, d'autre part, de témoigner sa reconnaissance au roi, qui avait autorisé la représentation de la pièce, ou l'avait encouragée. D'où les louanges hyperboliques adressées par l'Exempt au Prince (v. 1904-1944) : telle est du moins l'opinion de La Harpe : « Tartuffe est si coupable qu'il ne suffisait pas qu'il fût démasqué; il fallait qu'il fût puni; il ne pouvait pas l'être par les lois, encore moins par la société [...], et n'était-ce pas donner un exemple instructif et faire au moins du pouvoir absolu un usage honorable, que de l'employer à la punition d'un si abominable homme? » Se plaçant au même point de vue moral, Rousseau estime que « ce dénouement, contre lequel on a voulu se récrier, ne pouvait être autrement sans être mal ». Marmontel est du même avis et loue Molière parce que, dit-il, « dans un dénouement qui a essuyé tant de critiques, et qui mérite les plus grands éloges, il a osé envoyer l'hypocrite à la grève... »

① Après avoir discuté ces jugements contradictoires, vous présenterez votre opinion personnelle sur la question, compte tenu de l'importance très relative que Molière attachait au dénouement matériel de ses pièces.

- **Les caractères** — ② Montrez qu'ils restent, jusqu'à la fin, conformes à ce que nous attendions d'eux.
Si Tartuffe se tait, après le discours de l'exempt, ce n'est point qu'il soit « accablé par le remords », comme le suppose charitablement Cléante, en vrai chrétien pratiquant l'Évangile, mais parce que, confondu par la force de la vérité, l'hypocrite ne trouve plus rien à dire : comme le fait remarquer F. Ledoux dans son *Tartuffe* (*op. cit.*, p. 247) : Tartuffe « a perdu toute sa morgue, c'est une masse inerte, qui sent le bagne ».
Un autre personnage apparaît au cours de cette dernière scène : celui de l'Exempt, mais celui-là n'est qu'un symbole, l'instrument de la justice royale et divine; de là, sa majesté un peu emphatique

- **L'intérêt humain** — Ainsi, à la fin de la pièce, le ton s'élève de la satire « bourgeoise » à la grande comédie « humaine »; la défaite de Tartuffe s'inscrit dans la lutte éternelle du Bien contre le Mal, de la vérité contre le mensonge, de la lumière contre les ténèbres : intention que faisait admirablement ressortir la mise en scène symbolique de Louis Jouvet. Comme le libertin Don Juan, l'hypocrite Tartuffe a pu longtemps se jouer des lois sociales et humaines, mais il n'a pu échapper à la justice divine : le drame, si longtemps côtoyé, s'achève en un acte de foi qui rend à la religion son véritable visage; et du même coup la cabale disparaît sous le mépris qui écrase l'Imposteur. Molière avait gagné sa bataille contre la coalition des faux et des vrais dévots, mais au prix de quels remaniements, de quels sacrifices? C'est ce que, seul, aurait pu nous apprendre le *Tartuffe* de 1664.

DOSSIER PÉDAGOGIQUE

1. Aspects idéologiques de « Tartuffe »

La question religieuse

Molière dut mener bien des luttes pour imposer son *Tartuffe*. En 1667-1669, dans ses *Placets au Roi* et dans la Préface de la pièce, il affirma la pureté de ses intentions et la valeur morale de sa comédie. Peine perdue, la querelle rebondit aussitôt. Les protestations d'un « comédien du Roi » ne pouvaient désarmer des adversaires puissants, barricadés derrière cet argument : on ne présente pas en scène des dévots, sincères ou non, sans mettre en cause la religion (ce sera le thème développé par Bourdaloue dans son *Sermon sur l'hypocrisie*). Distinguer les vrais et les faux dévots, Molière s'y était-il d'ailleurs employé? Ni Orgon ni Madame Pernelle ne sont de « faux » dévots; cependant, Cléante ridiculise et stigmatise leur dévotion bigote avec autant de vigueur que la fausse dévotion de Tartuffe. Et la *Lettre sur l'Imposteur* insiste sur les dangers que font courir l'une et l'autre à la famille d'Orgon.

Certes, Cléante oppose les traits de la vraie dévotion aux grimaces de la fausse. Il se dresse comme un « véritable homme de bien » devant l'hypocrite dont il dénonce la scélératesse. Mais cette fonction de procureur ne lui a été assignée que dans la Préface, quatre ans après que *Tartuffe* eût été présenté sur la scène de Versailles. Et les *Placets* n'y font aucune allusion. La *Lettre sur l'Imposteur* ne fait pas de lui un « vrai » dévot mais un « sage », « un véritable homme de bien ». « Son rôle, explique J. SCHÉRER (*Structures de « Tartuffe »*, p. 102), est idéologiquement le plus riche de la pièce, parce que Molière a voulu lui donner à la fois toutes les valeurs chrétiennes dont le théâtre de son temps permettait l'expression et toutes les valeurs de la vérité. Dès ses premières paroles, Cléante implique la distinction radicale et éclairante du vrai et du faux [...]. Cette position rationaliste lui permet d'expliquer longuement à Orgon la différence entre les vrais et les faux dévots. »

Mais c'est justement cette alliance entre la foi et la raison qui parut suspecte. Sans aller jusqu'à soutenir, avec J. CAIRNCROSS (*Molière bourgeois et libertin*, 1963), que Cléante (et donc Molière) défendent un point de vue libertin, bien des critiques, notamment ANTOINE ADAM, soutiennent que Molière exprime « des idées depuis longtemps mises en circulation par Érasme et qui faisaient partie intégrante de l'Humanisme [...]. C'est contre elles que Pascal a écrit les *Pensées* [...]. Le XVIIIe siècle, le siècle des Lumières, se fera de la religion la même conception que Cléante » (*Histoire de la littérature française au XVIIe siècle*, tome III, p. 312-313).

— Après avoir étudié la filiation entre les principaux courants de la libre pensée du XVIᵉ au XVIIIᵉ siècle, vous discuterez ce jugement.

RENÉ BRAY écarte ce grave débat : il serait « illégitime de voir en Cléante le porte-parole des sentiments religieux de Molière », affirme-t-il (*Molière homme de théâtre*, p. 271). J. SCHÉRER partage ce point de vue : « Avec des personnages fictifs, il ne faut jamais oublier que l'auteur ne se solidarise nullement d'une manière nécessaire. » La raison d'être de Cléante est « d'ordre esthétique et non d'ordre moral ». Il appartient au groupe des « raisonneurs » qui, dans le théâtre de Molière, « assurent la symétrie de la présentation comique » (René Bray). Dans presque toutes les comédies de Molière, il y a, observe J. GUICHARNAUD, des personnages qui « parlent le langage de la salle »; ils ont « une fonction de témoin ». « Ni Dorine, ni Cléante ne s'adressent vraiment au public, mais ils représentent un public à l'intérieur de la pièce : Dorine parle le langage du parterre; Cléante celui du balcon et des loges » (*Molière, une aventure théâtrale*, p. 37).

— En partant de ces remarques, étudiez les effets de contraste et de symétrie entre Cléante et Orgon, Cléante et Tartuffe, Cléante et Dorine.

— Voyez-vous en Cléante un pur « raisonneur », chargé de dire au public « ce qu'il faut penser de la question débattue » (R. Bray)? Ou lui assignez-vous une fonction plus complexe, plus humaine, dans l'action?

Variations sur l'être et le paraître

Méfions-nous des jugements sans nuances, nous dit H. P. Salomon (« *Tartuffe* » *devant l'opinion française*). La question religieuse semblant émoussée, commentateurs et interprètes cherchent maintenant d'autres significations à la comédie.

Pour J. GUICHARNAUD, *Tartuffe* est un exemple privilégié de la fascination exercée sur Molière par les rapports de l'être et du paraître, — aussi bien sur la scène, où règne l'illusion, que dans les salons, objets de l'attention des moralistes et de la sienne (pensons au *Misanthrope*, pensons au célèbre tableau où Saint-Simon a peint l'attitude des courtisans à la mort du Dauphin : soupirs hypocrites, visages fermés, larmes indécentes). Ce thème de l'être et du paraître s'épanouit dans le personnage de Tartuffe, dont le nom propre est devenu commun, — mais il ne se trouve pas que là.

— Lui arrive-t-il d'échapper à la dialectique du vrai et du faux? Comparez-le à Lorenzaccio.

— Dans quelle mesure les autres personnages de la comédie participent-ils à ce jeu? Étudiez le personnage d'Elmire face à Tartuffe.

— « A prendre cette pièce pas à pas, on y voit que chaque moment est fondé sur un mensonge, une erreur involontaire ou consciente, ou une révélation. » Vérifiez cette vue de J. Guicharnaud en étudiant les situations, les jeux de scène et les discours des personnages.

Par un trait de génie, Molière a placé, près de Tartuffe, un curieux personnage : Orgon; un de ces « imaginaires » ou « imaginatifs », « hommes en proie à eux-mêmes [...], déraisonnables qui raisonnent dans la déraison » (Guicharnaud). « Orgon, prisonnier de sa nature [...] emprisonne l'univers avec lui [...]. Poète au sens de 'fabricateur', Orgon fait de la réalité des hommes et des choses un monde différent (...). On dirait presque que c'est sur l'ordre d'Orgon que Tartuffe est Tartuffe. L'existence de Tartuffe le dévot est maintenue par la création continue d'Orgon. »

— Expliquez et discutez cette analyse subtile.

Ordre et désordre : Molière et la famille

Le jeu de l'ombre et de la lumière, du mensonge et de la vérité, qui se résout dans le dénouement, engendre un second thème. Facteur de désordre est le mensonge; il met en péril l'ordre établi, qui partout (économie, finance, justice, religion, morale...) exige la vérité. « *Tartuffe* est la métaphore la plus claire d'un univers déchiré — et par conséquent éminemment dramatique — entre une norme incarnée et des aberrations désincarnées » (J. Guicharnaud). Dès l'exposition, « le conflit principal, qui sous-tend l'intrigue ou les intrigues de la pièce, est annoncé : une norme est mise en question, le héros de la pièce est un perturbateur ». Mais il n'est pas le seul, il n'est même pas le perturbateur fondamental, le maître du jeu. C'est Orgon qui occupe la position-clé. « Par sa fonction, il est le père, c'est-à-dire le chef. Il est en plus victime d'une passion; du même coup il devient un obstacle particulièrement difficile à surmonter du fait de sa position de chef [...]. Sa corruption entraîne celle de ses subordonnés. »

— Dans quelle mesure la « corruption » d'Orgon entraîne-t-elle celle de sa famille et de son hôte? Vous chercherez, dans le théâtre de Molière, d'autres exemples d'un processus semblable.

— On est allé jusqu'à considérer la famille d'Orgon comme un « personnage » jouant un rôle prépondérant. Développez ce thème, Ce personnage collectif déchiré par le mensonge affecte-t-il l'individualité de ses membres? Mettez en relief l'énergie de chacun dans les luttes intestines auxquelles il participe.

A première vue, la notion traditionnelle de famille n'est pas contestée dans *Tartuffe*. Tous les personnages sympathiques œuvrent à sa sauvegarde. Le Roi, image suprême du (bon) père, fait triompher la vérité et restitue à la famille paix et prospérité. « La paternité de Louis XIV est ainsi substituée, en quelque sorte, à celle d'Orgon » (J. Schérer, *op. cit.*, p. 204). Paul Bénichou s'élève contre cette manière de voir les choses. Être pour ou contre la « famille bourgeoise », c'est une attitude d'aujourd'hui. Au XVIIe siècle, personne n'était encore pour ni contre la Famille. « Il s'agissait moins, pour Molière, « de sauvegarder une institution que de la rendre tolérable, de l'ouvrir aux exigences supérieures de la vie ». Dans ses comédies, les pères exercent parfois leur pouvoir avec tyrannie. Mais, au dénouement, la famille subsiste; parfois dans la joie, parfois dans l'incertitude. Ainsi, chez les Orgon, le père ne s'est pas apparemment amendé; il a été seulement neutralisé. Pourtant, quelque chose s'est passé; quoi? « Ce que le drame Orgon-Tartuffe fait passer dans cet univers de l'honnêteté, c'est le frisson de la passion », répond Guicharnaud. Le responsable en est Tartuffe, « l'étranger qu'on n'a pas invité » (Prospectus du festival d'automne à Paris en 1979).

Molière « conformiste » ?

La position de Molière face à l'institution familiale rejoint celle qu'il adopte généralement pour juger la société dans son ensemble C'est dans ce sens qu'on a pu parler de son « conformisme ». E. AUERBACH (*Némésis*, p. 370) ne découvre « nulle trace de politique dans ses pièces, nulle critique sociale ou économique, nul examen des fondements politiques, sociaux ou économiques de la vie. Chez Molière, la critique des mœurs est faite uniquement du point de vue de la morale, c'est-à-dire qu'elle prend comme une donnée la structure existante de la société, pose en axiome sa légitimité et sa validité universelle, et fustige comme des travers risibles les extravagances qui se produisent dans son sein. »

2. « Tartuffe » ou la métamorphose sans fin

Un personnage ambigu

La prééminence de la question religieuse a occulté la personnalité profonde de Tartuffe et ouvert le champ à de nombreuses interprétations, que ni les protestations de Molière dans sa Préface, ni certaines indications scéniques n'ont pu tempérer. Reprenant l'ouvrage de M. Descotes, J. SCHÉRER rappelle les principales interprétations, depuis Du Croisy jusqu'à Planchon (en 1973), et il conclut : « La variété de ces interprétations est certes déconcertante. Elles semblent laisser entier le mystère de Tartuffe [...]. Son caractère essentiel, la souplesse, entraîne la redoutable fécondité des images qu'on a pu prendre de lui. »
La souplesse du personnage ne suffit pas à expliquer ses multiples avatars. Le texte de la comédie, nous explique A. UBERSFELD (*Lire le théâtre*, p. 21), est fait « de deux parties distinctes mais indissociables, le *dialogue* et les *didascalies* (ou indications scéniques ou régie) ». Or, chez les auteurs du XVIIe siècle, les didascalies sont réduites à leur strict minimum : nom des personnages, indication de lieu. Rarement sont précisés les gestes, mouvements et position des acteurs sur le plateau, le rythme (débit, silences...), le ton du dialogue.
— Relevez, dans le texte de *Tartuffe*, les indications qui constituent la structure gestuelle de la comédie.

Ajoutons enfin ceci, que La Harpe signalait dès 1799 : *Tartuffe* se passe d'apartés, de confidents, de monologues : « C'est qu'en effet l'hypocrite ne s'ouvre jamais à personne, il ment toujours à tout le monde, excepté à sa conscience et à Dieu. »

— Partant de cette remarque, comparez Tartuffe et Don Juan : jamais le spectateur ne peut hésiter sur les sentiments réels du « grand seigneur méchant homme », en particulier dans l'acte IV, qui est justement celui de l'hypocrisie.

— Est-il vrai que Tartuffe ne lève jamais le masque? J. Schérer pense qu'il se trahit par quatre fois (acte III, sc. 3 et 6; acte IV, sc. 5 et 7). Vérifiez cette assertion.

— Le manque de « structure gestuelle » dans la comédie ne rend-elle pas Tartuffe plus trouble et son vice plus monstrueux? Rappelez-vous ce que Pascal a dit de l'imagination : « maîtresse d'erreur et de fausseté, et d'autant plus fourbe qu'elle ne l'est pas toujours; car elle serait règle infaillible de vérité, si elle l'était infaillible du mensonge. » (*Pensées*, éd. Bordas, p. 52.)

Un personnage complexe

Est-ce à dire qu'on ne saurait cerner la personnalité de Tartuffe? Malgré son absence durant les deux premiers actes, les spectateurs s'intéressent à lui dès le lever du rideau, car il est l'objet d'un débat passionné entre les deux clans de la famille Orgon. Le personnage se dessine, se colore, en traits contradictoires mais « distinctifs » : traits d'ordre biographique (identité, sexe, âge, passé...); traits physiques; traits « socio-culturels », manifestes dans le langage, le comportement; traits psychologiques enfin. C'est sur l'interprétation à donner à cet ensemble de traits que se heurtent les membres de la famille; mais, observe J. Guicharnaud, « le désaccord entre les personnages est l'image même de la tension sur laquelle est bâti Tartuffe : un appétit violent sous un masque de dévot ». « La contradiction immédiatement sensible entre une conception traditionnelle de l'ascétisme dévot et ces traits assure le spectateur de l'hypocrisie de Tartuffe. »

Ainsi le « caractère » est-il posé dès le début. « Le personnage molié-resque [...] est une fois pour toutes ce qu'il est. » « Il est 'prévisible' : les surprises qu'il nous réserve sont de degré, non de nature. Il est constamment, pour employer une expression anglaise, *in character*. Il a une nature, une essence; au cours de la pièce il ne fera qu'épuiser son propre concept. »

Cependant, un personnage de théâtre ne peut se réduire à son portrait. Traditionnellement, on a soutenu — J. Guicharnaud le rappelle — que le théâtre serait, pour Molière, « un *moyen* grâce auquel il rendrait plus sensibles les défauts et ridicules de certains types ou caractères [...]. En réalité, comme la critique récente l'a révélé de manière convaincante, c'est le portrait qui est un moyen, disons une matière à théâtre. La représentation scénique est le but de l'auteur-acteur :

les traits de caractère, les caractères eux-mêmes sont choisis en fonction de leurs possibilités dynamiques, en fonction des conflits en mouvement qui les déchirent ou les dressent contre autrui. »
— C'est ce qui sépare Onuphre (La Bruyère, *Caractères*, éd. Bordas, p. 205) de Tartuffe. Montrez-le.

Le personnage de théâtre est jeté dans une « situation » et se définit par ses rapports aux autres personnages — rapports de force, d'alliance ou d'opposition, d'ordre social ou psychologique — posés au lever du rideau mais susceptibles de modulations au gré des péripéties, et créateurs d'une « situation de parole ».
— A titre d'exemple, étudiez la « situation de parole » des personnages dans la scène 6 de l'acte III. N'éclaire-t-elle pas les discours autant, sinon plus, que leur « caractère »?

La situation dans laquelle se trouvent les personnages engendre des conflits. Selon R. Monod, « la dramaturgie exige que les affrontements se résolvent en événements. Il faut donc une intrigue qui produira des péripéties et un dénouement. Cette intrigue est toujours la même : le chef de famille veut marier sa fille contre son gré, selon l'intérêt aveugle et égoïste de sa passion à lui. » Dans *Tartuffe*, la situation est particulièrement complexe. La situation instaurée dans les deux premiers actes annonce une intrigue traditionnelle; mais, à partir de la scène 3 de l'acte III, elle se dédouble. « Cette scène est une sorte d'accident dans l'intrigue première » (J. Guicharnaud). « Tartuffe, dans cette scène, procède à sa libération [...]. D'où l'aspect effrayant du personnage : c'est une force aveugle qui n'est plus contrôlée [...]. Tartuffe déborde maintenant du rôle que lui a assigné Orgon et entreprend son encerclement. »
— La « libération » du personnage était-elle prévisible? Dans quelle mesure est-elle « dynamique et génératrice d'action »?
— Dans les conflits opposant Orgon à sa famille, Tartuffe à la famille d'Orgon, puis Tartuffe à Orgon, une solution était-elle possible sur le plan des caractères?

Alors que la majorité des personnages de Molière descendent des « emplois » codés de la comédie latine, de la *commedia dell' arte* et de la *commedia sostenuto* espagnole — ou encore se présentent comme des variations d'un même type à l'intérieur du théâtre de Molière lui-même (A. Adam et R. Bray ont mis en valeur la parenté qui lie Arnolphe, Harpagon, Jourdain, Chrysale, Orgon...), Tartuffe s'impose comme une création originale, car il renvoie à un « référent » historique (individu ou type social?) dont l'actualité était perçue par les spectateurs au XVIIe siècle : l'âpreté des luttes qui comprimirent la représentation de la pièce en témoigne.
« Tartuffe se plonge dans l'actualité de son temps. Il livre avec lui tout un groupe, toute une confrérie, de sorte qu'(il) échappe au cas individuel pour être représentatif d'une classe », tranche J. Guicharnaud (*op. cit.*, p. 99 à 100). Mais l'étude des clés est aussi décevante que celle des sources : l'enjeu politique ne nous apparaît

plus que confusément, parce qu'il appartient à un « arrière-monde » de la comédie, aujourd'hui évanoui.

En fin de compte, on se demande si l'indéchiffrable dans le personnage ne tient pas à ce fait, plutôt qu'à un prétendu « mystère » psychologique.

3. Un monde comique et poétique

On n'a pas attendu le xxᵉ siècle pour mettre en doute le caractère comique de la comédie moliéresque », observe R. Bray. Le xixᵉ siècle fit de Tartuffe un traître de mélodrame. La critique du xviiiᵉ apercevait dans les comédies de Molière ce que Diderot, un siècle plus tard, devait nommer le « drame bourgeois ». Et il est en effet possible de concevoir des mises en scène allant dans ces deux directions, tant il vrai que « le comique dépend de dispositions subjectives »; « il n'est « ni dans l'objet ni dans le sujet, ni dans ce dont on rit ni dans celui qui rit; il réside dans un rapport unissant l'un à l'autre » (R. Bray).

Mais, selon R. Monod, « Molière a beaucoup fait pour *ne pas* inventer le drame bourgeois [...]. A cette fin le comique est maintenu très volontairement [...] le drame n'a été supposé que pour les besoins de la peinture comique. Il se dénonce comme une feinte expressive et provisoire ».

— Relevez, dans la comédie, ce qui permettrait de transformer *Tartuffe* en drame bourgeois. Puis faites l'inventaire des procédés utilisés par Molière pour « nourrir son Tartuffe en éléments comiques, qui déclenchent le rire au moment où la situation risquerait d'être trop sérieuse » (J. Schérer).

Pourquoi Molière a-t-il maintenu la prééminence du comique?

Serait-ce par simple souci du respect des genres? On pourrait le croire. Non, répond R. Bray (*op. cit.*, p. 283), mais parce que Molière était porté à rire devant la comédie humaine et non à s'indigner. « Il n'y a pas deux mondes dramatiques, l'un qui serait comique, l'autre tragique. La réalité d'où part Racine ne diffère pas de celle d'où part Molière [...] c'est le même spectacle de notre imperfection, de nos contradictions, qui inspire à l'un une tragédie, à l'autre une comédie [...]. Molière voit la réalité humaine avec l'œil du poète comique. »

Finalement, toute lecture privilégiant le « réalisme » ou le « sérieux » de la comédie, toute mise en scène « vériste », ne ferait que la trahir, en rendant impossible « ce que Brecht appelle la distanciation, c'est-à-dire l'attitude selon laquelle, loin de nous abandonner à l'illusion théâtre [...] nous sommes mis en position de réagir activement face aux procédés de l'écriture dramatique et aux images du monde et des relations sociales qui nous sont proposées » (R.Monod, *op. cit.*, p. 120).

ICONOGRAPHIE

1. Renouvellement de la mise en scène des Classiques

Ces dix dernières années ont été marquées par des tentatives qui s'inscrivent en réaction contre la tradition de la Comédie-Française, suspectée de perpétuer celle du théâtre bourgeois du XIXᵉ siècle, et se définissent les unes par rapport aux autres.

Ainsi R. Planchon avoue une volonté « d'historicisation » qui combine différents modes d'approche historique, sans pour cela tomber dans le « vérisme ».

— Vous étudierez, dans les reproductions de la mise en scène de Planchon, les éléments de décor et de costume destinés à « camper » la maison cossue d'Orgon. Montrez que certains d'entre eux en soulignent les aspects quotidiens et privés; que d'autres suggèrent l'ascension et l'installation de la grande bourgeoisie dans le régime; que d'autres enfin instaurent un climat de piété sensuelle.

— Dans quelle mesure cette mise en scène dépasse-t-elle le simple réalisme?

A. Vitez, de son côté, rejette « la mystification historiciste et sociologiste » : « Notre travail renvoie au réel historique, mais pas dans le sens naturaliste; dans *Tartuffe* on ne verra pas une famille du XVIIᵉ siècle. » (Dans *Pratiques* (nᵒ 24, p. 119) il a cherché à retrouver les conditions historiques des représentations originelles de *Tartuffe* par la troupe de Molière, sur la scène du Palais Royal : un seul décor, représentant une sorte d'antichambre neutre; peu de meubles et d'accessoires...

— Sachant que les acteurs ont eu, en outre, le souci de respecter la prosodie (rythme de l'alexandrin, prononciation des « e » muets), vous dégagerez ce qui a pu, dans cette mise en scène, contribuer à la création d'un « réalisme symbolique », dont le but serait de « rendre bien étranges, bien insolites ces œuvres au lieu de les rapprocher tout à fait artificiellement par l'actualisation. » (in *Pratiques*, nᵒ 15-16, p. 45).

Finalement le travail de Vitez s'est essentiellement concentré sur le jeu des acteurs — « machines à signifier » — exprimant dans une gestuelle paroxystique la violence des passions et des affrontements.

— Vous étudierez les relations impliquées par le jeu des acteurs (attitudes, regards, gestes etc.) dans la scène 3 de l'acte III, en comparant la reproduction d'une mise en scène de la Comédie-Française (photo couverture) avec celles de Planchon et de Vitez (p. 44-45).

— Dégagez, dans le cliché de la page 75, en quoi le jeu des acteurs et l'utilisation des accessoires renouvellent cette scène traditionnellement rattachée à la farce.

— Le danger rapproche les membres de la famille jusqu'alors désunis. Comment Planchon et Vitez ont-ils respectivement figuré, dans leur mise en scène, ce double pôle du Ve acte (p. 97)?

2. A vous de jouer!

Vitez a tenu le pari de n'utiliser comme accessoires que ceux indiqués dans le Mémoire des décorateurs de l'Hôtel de Bourgogne : deux chaises, une table, des flambeaux et une « batte » (sorte de bâton); tout en veillant à ce qu'ils n'apparaissent jamais comme éléments décoratifs, mais comme « signes » théâtraux : métonymies d'une réalité historique, d'un personnage ou d'un sentiment; métaphores ou symboles.

— Après avoir étudié, dans l'ensemble des clichés, l'utilisation et la signification des « objets », essayez à votre tour de les employer dans quelques scènes du *Tartuffe*.

— Imaginez un décor pour *Tartuffe*. Ce décor peut être unique (mais susceptible de métamorphoses ou divisé en plusieurs espaces) ou divers (*cf.* la solution de Planchon). Faites une maquette illustrée de ce décor en précisant les couleurs et matières des accessoires et des costumes.

— Après avoir opté pour une mise en scène cohérente, essayez d'interpréter une ou deux scènes de *Tartuffe*, et faites que votre jeu soit en accord avec l'ensemble (décor, costumes, éclairage, etc.) ou en contraste absolu. Quels sont les effets obtenus?

Imprimé en France
779680-2-80 - Berger-Levrault, Nancy - Dépôt légal : 1er trimestre 1980